「最弱」徳川家臣団の天下取り

矢部健太郎 監修　小野雅彦 著

MdN新書
047

はじめに

近年の研究により、戦国時代の足利《あしかが》将軍の再評価が進み、かつて「無力な存在」とされていた彼らがそれなりの求心力を持っていたことが明らかになった。それにより、足利義《よし》昭《あき》・織田信長の関係性を見直すのみならず、信長個人の人間性を再評価することも必要になった。同時に、豊臣政権研究の進展もめざましく、従来の通説のなかにも多くの問題点が指摘されている。

足利将軍・織田信長・羽柴秀吉《はしばひでよし》に関する見直しが進んだということは、当然のことながら、徳川家康についても再検討が必要になった、ということである。「徳川の平和《パクストクガワーナ》」という言葉が、いっときもてはやされた。二百六十五年もの間、戦争がなかった、世界史上でもまれな時代を賞賛し、これを実現した徳川幕府の在り方に学ぼうという意味が込められていたようだ。近世の平和が人類の理想を示したていたかどうかはともかく、徳川家康らの歴代将軍が築き上げたシステムが、きわめて効果的で機能的であったことは事実であろう。もちろん、歴史に名を刻む「英雄」だからこそ、それが可能だったのかもしれないが、徳川の天下実現には、家康の手足となり、あるいは頭脳となって働いた家臣たちの働きも、決して過小評価してはならないだろう。

家康家臣たちのなかでも、松平氏を名乗っていた時代から使えていた三河武士の存在は、これまでにも幾度もクローズアップされてきた。主君家康との固い主従の絆《きずな》が印象的に語られ、幼少期から人質となるなど苦難の連続だった家康を支え続けた家臣たちは、最終的に徳川氏が「天下」を統《す》べたことから「最強」の家臣団であると語られる場合もある。

しかし、今川家で人質時代を送った家康が、実は今川一門として扱われるなど優遇されていた事実が明らかになったように、家康と家臣との関係も、見直しが進んでいる。家康が今川家から独立した当時、家臣たちとの関係は、必ずしも良好ではなかった。三河一向一揆の際には、家臣の約半数が寝返ったほどだ。むしろ、家康と徳川家臣団は、きわめて脆弱《ぜいじゃく》な関係だったともいえるのだ。

本書では、そのような家康と家臣団が、戦国の荒波を乗り越えることによって、いかにして人間的にも軍事的にも、そして統治者としても成長を重ね、最終的に「徳川の天下」

を築くにいたったのかをつづったものである。

家康は死後、「神君」と呼ばれて神格化された。偉大な創業者として顕彰《けんしょう》されるようになったため、その生涯は実態以上に荘厳《しょうごん》された「栄光の生涯」として描かれるようになった。こうした歴史観を研究者の間では「松平中心史観（徳川史観）」と呼び、これを相対化して検証することで、真実の家康像に近づこうという試みがいまも続いている。本書でも、天下分け目の戦いとされる関ヶ原の戦いに家康がどう向き合ったのかなど、従来の家康像を更新する研究成果を反映している。

ぜひ、本書を通じて、家康とその家臣たちの等身大の姿に目を向けてほしい。

矢部健太郎

「最弱」徳川家臣団の天下取り——目次

第三章　一武将としての足場を確立する

第四章　忍耐で結束を固めた経営戦略

第五章　一大名から天下人への歩み

第六章　戦闘集団から政治家集団への脱皮

第七章　異能のプロフェッショナル集団

第八章 国家運営の礎を築く

終　章　徳川家康のリーダー論

編集協力：三猿舎
本文校正：石井三夫
本文図版：株式会社ウエイド

第一章

「信」で繋がった家臣たちの苦悩

苦難が連続した松平氏の「創業期」

徳川家康は、天文《てんぶん》十一年（一五四二）十二月、三河《みかわ》国（現在の愛知県東部）の岡崎《おかざき》城（愛知県岡崎市）城主である松平広忠《まつだいらひろただ》の子として生まれた（『朝野旧聞裒藁《ちょうやきゅうぶんほうこう》』）。幼名は竹千代。父や祖父の清康《きよやす》も用いていた幼名である。

岡崎城は東海道における要衝として栄えた。矢作川《やはぎがわ》と菅生川《すごうがわ》の合流地点に位置する、水路を駆使した交通の要地であり、また、豊かな穀倉地帯でもあった。

家康が生まれた頃というのは、武田信玄《たけだしんげん》、今川義元《いまがわよしもと》、北条氏康《ほうじょううじやす》といった名将たちが歴史の表舞台に立ち始めた時期だ。越後《えちご》の龍と呼ばれた上杉謙信《うえすぎけんしん》はまだ十代前半である。当時の松平氏は、彼らと肩を並べるにはほど遠い、地方の弱小国衆《くにしゅう》だった。交通に優《すぐ》れ、経済発展に大きな可能性を秘めた岡崎城は、彼らのような海千山千の戦国武将につけ狙《ねら》われる格好の場所だったといえる。

家康が誕生する約十年前となる享禄《きょうろく》四年（一五三一）頃、三河国西部を制圧した祖父の清康は、尾張《おわり》国（現在の愛知県西半部）へ領土を広げようと画策していた。尾張で最も勢力を誇っていたのは織田信秀《おだのぶひで》。織田信長の父である。

武略に優れていた清康は、国内の国衆たちをよくまとめあげ、織田氏にもひけを取らない勢力に松平家を成長させていた。ところが、天文四年（一五三五）十二月、清康は近臣に誤って刺される「守山《もりやま》崩れ」と呼ばれる事件で命を落としてしまう。享年《きょうねん》二十五。のちに大久保《おおくぼ》忠教《ただたか》は、「清康が三十の御歳《おんとし》まで生きていたならば、天下を獲《と》ることも容易《たやす》いことだっただろうに。何とも惜しいことだ」と、著書の『三河《みかわ》物語』で嘆いている。

松平清康像（安城市歴史博物館蔵）

　松平家を力強く引っ張っていたカリスマの跡を継ぐ息子の広忠は、当時、まだ元服すら迎えていない。家の断絶は免《まぬが》れたが、松平の勢いは急速に失われていった。

　清康の死を知って喜んだのが、対立していた織田信秀だ。信秀はこれを好機と松平領に猛攻を仕掛けてきた。家臣団が一丸となって迎え撃ち、何とか撃退に成功した松平家は、清康の子である広忠を正式に当主に立てることで、家中の立て直しを図《はか》った。

しかし、当時の広忠はわずか十歳。後見役が必要な幼き当主だった。その重要な役割を担ったのが、広忠の大叔父《おおおじ》に当たる松平信定《まつだいらのぶさだ》である。信定のもと、松平家は順調にまとまるかに見えたが、家中は「御家人らもせんかたなく、今は信定を尊敬すること主《あるじ》の如《ごと》し、あえてその命にそむくものなし」（『徳川実紀』）といった様子で落ち着かない。やがて信定は家の乗っ取りを画策し、広忠の命を狙《ねら》うまでになってしまう（『三河後風土記』『三河物語』）。

不穏《ふおん》な動きを察知し、岡崎城から逃げ出すことになった広忠は、家臣の阿部定吉《あべさだよし》らとともに各地を放浪した末に、清康の妹婿《いもうとむこ》である東条持広《とうじょうもちひろ》のもとに潜伏《せんぷく》。その後、持広の支援のもと、伊勢《いせ》国（現在の三重県東部）で元服を果たした広忠は、岡崎城の奪還に動き出す。駿河《するが》国（現在の静岡県東半部）へ赴《おもむ》き、今川義元に助太刀《すけだち》を依頼したのである（『三河物語』）。

三河国西部をかろうじて治めていた松平家にとって、西の織田氏、東の今川氏は、比べものにならないほどの大国だ。できれば中立を図《はか》りたい相手ではあったが、背に腹は代えられない。武力衝突を繰り返していた織田氏には望むべくもなかったが、一方の今川家は、まだ関係が良好だった。もっとも、今川氏としては「義元もとより近国を併呑《へいどん》し、中国に旗を立てんとの素志なれば」（『徳川実紀』）とあるように、広忠をうまく手懐《てなず》けて三河国を半ば領国化したいという目論見《もくろみ》があったようである。

　こうして今川家からの支援を得た広忠は、岡崎城の奪還に成功する。松平氏にとって本拠である岡崎城への復帰は、他家の幕下に組み入れられてでも果たさなくてはならない目標であった。今川氏への援軍要請は、そうした執念《しゅうねん》を感じさせる。

　ちなみに、広忠が岡崎城から逃げ出す原因となった信定は、いったん広忠に降伏。その後も対立姿勢を崩《くず》さなかったが、広忠の岡崎城入城の翌年となる天文七年（一五三八）に病没している。

　広忠の岡崎城復帰に伴《ともな》い、やむを得ず織田氏に服属していた者たちも次々に帰ってきた。広忠は体制の再編を行うとともに、否《いな》が応《おう》でも今川氏と織田氏との戦いに巻き込まれていくことになる。今川氏が大軍を擁《よう》して織田氏に攻め込んでいった小豆坂《あずきざか》の戦いをはじめ、今川氏の尖兵《せんぺい》として織田氏と干戈《かんか》を交《まじ》えることとなったのである。

　そんななか、広忠は織田方の水野忠政《みずのただまさ》と交戦。戦局が膠着《こうちゃく》状態となったため、両軍は和睦《わぼく》するが、その証《あかし》として、広忠は忠政の娘である於大《おだい》と結婚する。

　家康が生まれたのは、この頃だった。当時の松平家はまだ、自立した組織とはとうていいえない状況だった。現代に置き換《か》えるなら、起業はしたものの社内がまとまらずに事業に行き詰まり、大手企業の下請《したう》け会社に収まることで延命を図った、といったところだろうか。のちの天下人・家康の人生も、最初はこのようなどん底からのスタートだったのである。

周囲を取り囲む大物たちの状況

家康が生まれた頃の周囲の様子を見てみることにしよう。

まず、三河国の東の大国である駿河・遠江《とおとうみ》（現在の静岡県西部）を治める今川家は、義元が当主だった。幾度かの家督争いを制して当主となった義元は、軍師である太原雪斎《たいげんせっさい》を擁し、三河だけでなく尾張をも睥睨《へいげい》していた。義元が当主となったのは、家康の誕生する六年前の天文五年（一五三六）のことだった。

三河国の西、尾張の織田家は、信長の父である信秀が、守護代の力をしのぐほどの存在感を見せていた。子の信長はいわずと知れた、のちに天下統一の直前まで上り詰める武将だが、家康が生まれた当時はまだ十歳に満たない年齢だ。

これらの大国に比肩したのが、甲斐《かい》国（現在の山梨県）である。この国を治めていたのが武田氏だった。実は、家康の祖父である清康は、武田氏から同盟を申し込まれていたよ

●家康関連系図

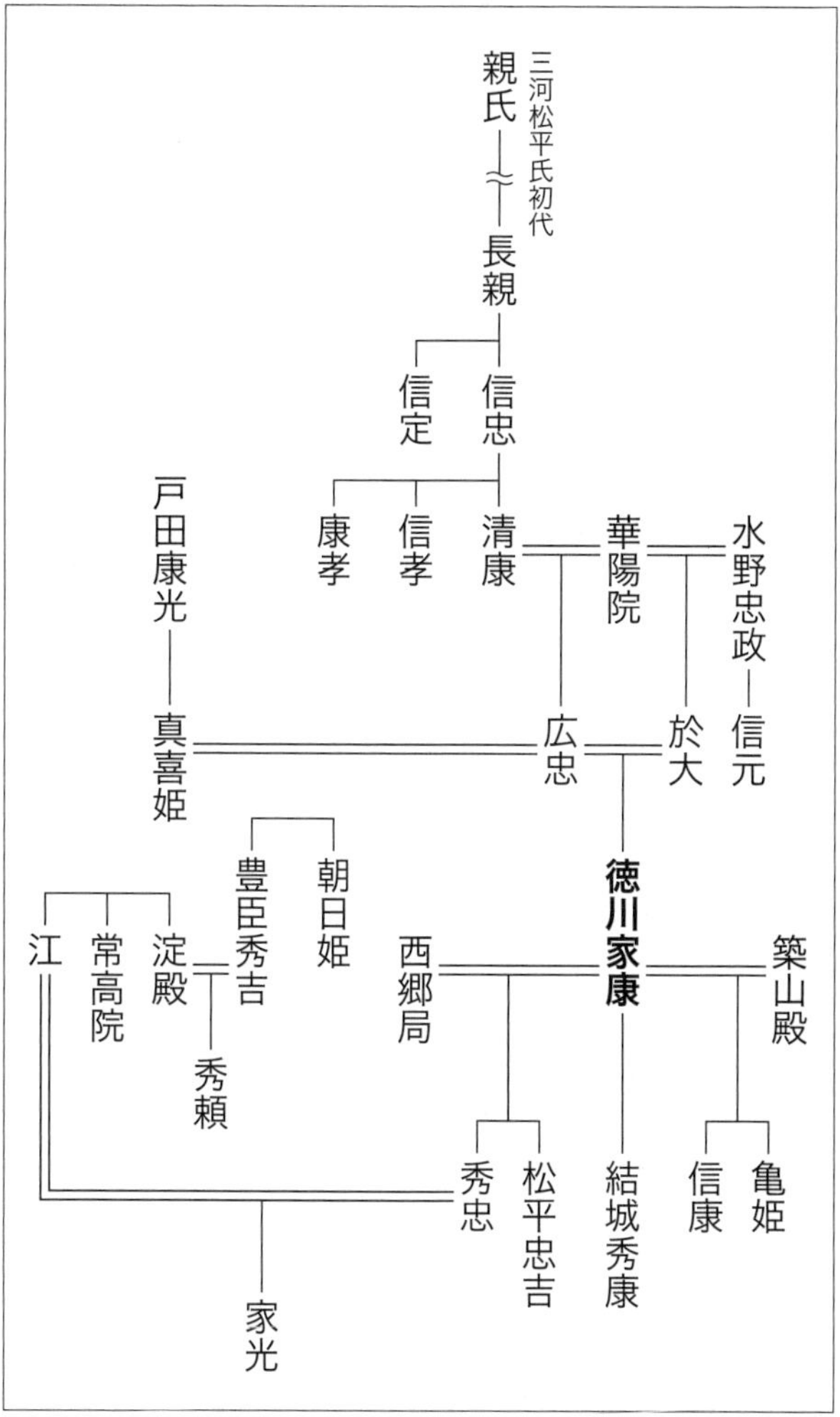

三河松平氏初代
親氏
長親
信忠
信定
清康
信孝
康孝
華陽院
水野忠政
信元
於大
広忠
戸田康光
真喜姫
徳川家康
築山殿
西郷局
朝日姫
豊臣秀吉
淀殿
常高院
江
秀頼
亀姫
信康
結城秀康
松平忠吉
秀忠
家光

家康産湯の井戸（愛知県岡崎市康生町）

うだ（『三河物語』）。「甲斐の虎」と呼ばれた武田信玄が当主となったのは、家康が誕生する約一年前である。信玄は父の信虎《のぶとら》を甲斐から追放することで家督を相続した。追放の理由として、父子が不仲だったとする説や、実は父を今川家に送り込んで間者《かんじゃ》として利用していた説など、さまざまにいわれているが、真相はわからない。

信虎は台風などの天災によって領土内に餓死者が続出するなか、領民の苦しみに構うことなく隣国との戦いに明け暮れていたため、領民にも家臣にも、信虎に対する不満が高まっていた（『塩山向嶽禅庵小年代記《えんざんこうがくぜんあんしょうねんだいき》』）とされるので、このような声を受けて信玄が父の追放を決断した、というのが一般的だ。

結果的に信虎を追放したことで甲斐の武田家は信玄のもとで強固にまとまり、戦国最強の軍団となっていく。なお、追放された信虎は今川家に引き取られたまま、甲斐国に戻ることは二度となかったといわれている。

つまり、松平氏を取り巻く大国は、当主が入れ替わりを果たし、野心をぎらつかせていたときでもあった。

当時の特筆すべきこととしてあげられるのが、のちの日本の文化や軍事に大きな影響をもたらすキリスト教布教集団・イエズス会の存在だ。純潔・質素・服従の精神と、厳しい戒律を持つイエズス会の創設は、家康の誕生より少し前の一五三四年といわれている。イエズス会より派遣されたフランシスコ・ザビエルが海外で布教活動を始めたのが、家康の生まれた前後のことであり、彼が日本に上陸したのは、その数年後のことであった。

もう一つは、家康誕生の翌年に、種子島《たねがしま》に漂着したポルトガル人によって日本に鉄砲がもたらされた（『鉄炮記』）ことだ。鉄砲という新兵器が、刀や槍が中心の戦いを行っていた日本の合戦において、欠かすことのできない重要な武器となっていくのはいうまでもない。

家康は日本という国が様変わりする夜明けのような時代に生を享《う》けたといえる。

わずか二歳で生母と離れ離れとなる

家康が生まれて間もなく、松平氏に事件が起こった。家康にとって母方の祖父に当たる水野忠政が亡くなったのに伴い、次男の信元《のぶもと》がその跡を継いだ。すると、信元は織田信秀の誘いに乗って松平を裏切り、織田方についてしまったのである。敵方となった縁者を側《そば》に置いておくわけにはいかない。完全に今川氏に従属していた広忠の判断なのか、今川義元から指示があったのかはわからないが、家康の父である広忠は、妻の於大《おだい》との離縁を決断。物心がつくかつかないかの頃に、家康は生母と生き別れになってしまったのである。天文十三年（一五四四）のことだった（『松平記』）。

このときの逸話《いつわ》として、こんな話が伝わっている。

於大は、松平家家臣である阿部定次《あべさだつぐ》、金田正祐《かねだまさすけ》らの護衛のもとで、岡崎城を出た。水野氏の領土の近くまで来ると、於大が阿部らを呼び出して言った。

「ごくろうさまでした。もうこの辺でよいので、みなさんは岡崎へ戻ってください」

これを聞いた阿部らは城まで送るよう言われているから、と踏みとどまっていると、

「兄の信元はひどく短気ですから、城までついてきたら殺されてしまうかもしれません。

伝通院（於大／東京大学史料編纂所蔵模写）

そんなことになっては、両家の妨《さまた》げになります。私と竹千代（家康）は母子のままであることは今後も変わりませんし、兄にとってもそれは同じ。いつか、両家が和睦する日のために、いまは兄に短慮《たんりょ》なことはさせたくないのです」

深い思いやりの心に感激した阿部らは、いったんその場を去った。しかし、どうしても気になったので、こっそり於大の後をつけていった。しばらくすると、信元の部下が向こうから馬に乗って駆けてきて、於大に言った。

「見送りの岡崎城の連中はいないのですか。一人残らず討ち取れとの指示で参ったのに」

家康の母の聡明《そうめい》さを演出するための作り話の類《たぐい》かもしれないが、のちに家康は母と再婚相手との間にできた異父弟に対しても親身になり、松平姓を与えているから、少なくとも家康と於大との間は、生き別れになっていても深い愛情で結ばれていたということは言えそうだ。

今川氏からの支援を引き出すために利用される

家康の人生の始まりにおける悲劇はこれだけにとどまらない。

清康の弟、すなわち家康の大叔父に当たる松平信孝《まつだいらのぶたか》が織田方に寝返る事件も起きている。

彼らは織田氏の尖兵となって、たびたび三河領を攻め入るようになった。この危機に広忠は、またしても今川義元に救援を求めている。このとき、義元は竹千代、幼少の家康を人質に差し出すよう要求した（『三河物語』）。

義元はなぜ、このような条件を出したのか。それは、織田氏の手先となって広忠らを攻めてくるのが、つい最近まで松平家の家臣たちだったからである。加勢を依頼しておいて、実は広忠が裏で彼らと手を結んでおり、今川氏の軍隊を傷つけるかもしれないと疑ったのだ。このような懸念を取り越し苦労だと断じることはできない。子が親を追放したり、味方がすぐに敵方に寝返ったりするような乱世では、むしろ気にかかって当然だったといえるだろう。

自身の統率力だけでは、家臣たちを押さえ込むことができない。そんな広忠の力量を見限る家臣は後を絶たなかった。そんな広忠が取るべき選択肢は多くはない。やむなく人質の条件を呑《の》んだことで、広忠はかろうじて危機を脱することができた。つまり、広忠は跡取り息子と引き換えに、今川氏の支援を得たのである。残念ながら、その姿は清康が牽引《けんいん》してきた、独立した家とは言いがたい。

寄らば大樹《たいじゅ》の陰というのは、戦国時代ではよくある話だ。そう断じるのは簡単だが、まだ幼かった家康は、母と別れ、父の政治的判断によって生まれ故郷からも離れることになった。これらがのちの家康に及《およ》ぼした影響は、決して小さなものではあるまい。

いずれにしても、三河譜代と呼ばれる松平家の家臣は絆《きずな》が固いなどとよくいわれるが、この頃は今川氏と織田氏との間で揺れ動く、緊張感のある状況が続いていたのである。

わずかな金で売られ、織田氏での人質生活が始まる

今川家に人質として出された家康は、石川数正《いしかわかずまさ》、天野康景《あまのやすかげ》、平岩親吉《ひらいわちかよし》ら供約三十人と、雑兵《ぞうひょう》約五十人を連れて、岡崎城を出発した。このなかには、まだ幼い家康の遊び相手として阿部正勝《あべまさかつ》の姿もあった（『東照宮御実紀』）。

一行が西郡《にしごおり》（愛知県蒲郡《がまごおり》市）に差しかかると、そこへ迎えに来ていた田原城《たはら》（愛知県田原市）の城主である戸田康光《とだやすみつ》が提案した。

「このまま陸路を行けば、いつ織田の手の者に出くわすかわからない」

於大と離縁した後、広忠は康光の娘と再婚している。康光は家康にとって義理の祖父に当たる。そんな康光から「航路で行こう」と提案されたのだから、疑う余地はない。すっかり信用していた家康らは、言われるがまま船に乗り込んだ。

しかし、康光ですら織田方に通じていた。康光は家康らの乗り込んだ船を尾張の熱田《あつた》に運び、家康を織田信秀に引き渡してしまったのだ。康光は家康を信秀に渡せば、広忠が今川家から織田家の幕下にすぐに寝返るだろうと考えていた。

後年、このときのことを述懐した家康の言葉が残っている。

「わしは、銭五百貫で売り飛ばされたのだ」（『駿府《すんぷ》記』）

謝礼として康光が受け取った金額は一千貫《いっせんがん》だったとする説もある（『三河物語』）が、いずれにしても家康は身内に売られてしまったのだ。

小躍りして喜んだ信秀は、さっそく家康を材料に広忠に誘降を謀《はか》る。

広忠の返答は、

「愚息の命よりも、今川家との関係が大事だ。義元様から受けた恩に背《そむ》くわけにはいかない。息子の命をどう扱おうと、そちらの勝手にしたらよかろう」

といった内容のものだった（『三河後風土記』）。

この勇ましい言葉は、今川家から見れば、子を見捨ててまで尽くそうという忠義の篤《あつ》さを感じさせる。現代の感覚でいえば、一人の父親としてはあるまじき発言だが、当の広忠の胸中を知る術《すべ》はない。はっきりとわかっているのは、この後も広忠が、義元と連携して織田氏と戦っているということだ。

一方、信秀は、人質として買い取った家康が、松平氏との交渉の切り札として使えないことがわかると、やむなく万松寺《ばんしょうじ》（愛知県名古屋市）に幽閉。なぜか、命を奪うようなことはしなかった。

身内に裏切られ、父にも見放された形となって、家康は敵方の領地で不遇の少年時代を送ることとなった。なお、家康は織田氏に奪われたのではなく、広忠が降伏の証として最初から織田氏に人質として差し出した、とする説もある。

尾張での人質時代の家康と松平家

家康は尾張でどのように過ごしていたのだろうか。

尾張での人質時代は、約二年間。歴史ファンの最も気になるところは、この時期に家康と信長が出会っていたかどうかだろう。残念ながら、家康側にも、信長側にも、「会った」とする記録は残っていないようだ。会っていたとしても、お互いに特別な印象がなかったから記録がないのかもしれない。

尾張にいた頃、家康の面倒を見ていたのは、織田家の家臣である河野氏吉《こうのうじよし》であったとい

清洲公園に立つ織田信長銅像（愛知県清須市）

う。まだ小さな家康が見ず知らずの土地で心細くしているだろうと、せめてもの慰《なぐさ》めに小鳥を献上した（『徳川実紀』）話が残っている。このときに受けた恩をずっと忘れなかった家康は、のちに氏吉を呼び寄せて家臣にしたという。

信長の父である信秀は「尾張の虎」と呼ばれた勇猛な武将であったが、意外なことに何かと人質の家康を気にかけていたようだ。信秀は生き別れとなった家康の母が於大であると知ると、母子の文通を取り計らった。於大は喜んで使者を派遣して、家康にさまざまな贈り物をした。生き別れになったといっても、家康がまだ三歳の頃だ。おそらく顔もほとんど覚えてはいない。しかし、母から着物や菓子などを贈られると、そのたびに家康は涙を流して喜んだという。いつ殺されてもおかしくない人質の立場だったが、肩身の狭い思いをしながらも、温かな感情を育《はぐく》まれていたのかもしれない。

一方、家康を見捨てた広忠は、織田氏との戦いはもちろん、内外から厳しい状況に見舞われていた。今川氏と織田氏との戦いはますます激しさを増すようになり、当然のことながら、広忠も合戦ごとに戦場に駆り出される。

広忠という人は、とかく家臣団内の派閥争いや大国の睨《にら》み合いに巻き込まれ、当主となってからひとときも気の休まるときがない人だったのではないだろうか。

織田方との戦いが小康状態となった天文十八年（一五四九）のこと。広忠はあろうことか、家臣に脇差《わきざし》で刺されている。あまりに唐突だったので、周囲の者は呆気《あっけ》に取られた。刺したのは岩松八弥《いわまつはちや》という者だった。動機はまったくわからない。「隣国の者に頼まれて刺客となった」（『徳川実紀』）とする説、「この四、五日以前より狂乱」（『三河後風土記』）つまり、八弥が錯乱《さくらん》していたとする説がある。後者の場合は、広忠の妻をも殺そうとしていたと記録されている。なお、『三河物語』や『松平記』では、広忠は病死となっている。清康に続き、広忠も家臣に殺されたとあってはしのびないと慮《おもんばか》っての記述だとする見方もあるが、いずれにしても、このときの傷がもとで広忠は死去した（『岡崎領主古記』）。絶えず内憂外患のなかで生きてきた広忠が迎えた死は、松平氏を再び激動のるつぼのなかへ追いやっていく。

家康の奪還に成功するも岡崎城は再び当主不在となる

広忠が家臣に刺されて死亡したのは、今川義元にとって青天の霹靂《へきれき》であった。跡を継ぐべき家康は織田信秀の手に握られているのだから、松平家が家康もろとも織田方に寝返る恐れもある。事実、松平家の家臣団のなかでは、一刻も早く織田方について家康を帰国させようという意見が出始めていた。このまま今川氏と共にすべきだとする家臣ももちろんいて、意見が一致しないまま時間が過ぎていった(『三河後風土記』)。

そこで義元あるいはその軍師である太原雪斎の取った行動は素早かった。すぐさま岡崎城に今川軍を送り込み、本丸以下主要部分を接収したのである。その上で、松平家のおもだった者たちの妻子を駿府へと連れ去った。そうすることで、織田方への寝返りを防いだのである。電光石火の見事な策略であった。逆にいえば、今川氏はそれほど松平家を重要視していた、ともいえる。

それだけではない。雪斎は、安祥城《あんじょう》(愛知県安城市)を攻め落とす作戦を、松平家家臣たちに明かした。安祥城を守るのは、信秀の長男であり、信長の兄に当たる織田信広《のぶひろ》だった。つまり、雪斎は信広を生け捕《いど》りにし、家康と人質交換させようというのである。これを聞いて奮起しない家臣はいない。松平家家臣団は率先して先陣を申し出て、激戦の末に城を落とし、望み通り、信広を捕虜《ほりょ》とした(『三河後風土記』)。

諸説あって判然としないが、ちょうどこの合戦と同時期に信秀は病死したといわれている(『享禄以来年代記』)。信長の事績を克明《こくめい》に記した『信長公記』では、合戦の二年後となる天文二十年(一五五一)に死去とあるが、家康とほぼ時を同じくして信長も父を亡くし

安祥城跡（安城市安城町／安城市教育委員会提供）

ていたのは奇妙な偶然だ。人質交換の交渉の席についたのは父の死に伴い家督を継いだばかりの信長だったのか、あるいは別の者だったのか。いずれにしても、織田氏は信広と家康との人質交換という今川氏からの申し出を受諾《じゅだく》した。

こうして、尾張での二年間の人質生活を終え、家康はいったん岡崎城へ戻った。当主不在となってしまった松平家の体制を再び立て直すのに必要だった家康の奪還は、松平家家臣団の悲願であった。父の広忠の墓参りをする家康の姿を見て、胸の熱くなる思いがしたことだろう。

しかし、義元は容易に家康を松平家に返すことはしなかった。そもそも、家康は織田氏ではなく、今川氏へ人質に出される予定だった。そんな理屈を持ち出し、結局、家康は岡崎城に十日ほど滞在しただけで、今度は今川氏の本拠である駿府に出されることとなった。織田家、今川家という大国の間に揺れる松平家は、再び当主不在のまま運営されていくことになったのである。

第二章　主従一体となった独立への道

幼い頃から発揮していたリーダーシップ

「人質はときによって取り置くもので、あまり長い間置いておくと、人質と親との親しみが薄れ、人質としての効果がなくなるものだ。よくよく親子の間を親しませておき、ときにのぞんで人質に取るからこそ、親子の情におぼれ、人質を捨てかねるものだ。だからこそ効果がある」（『玉音抄《ぎょくおんしょう》』）

これは家康が後年に語った、人質に対する考え方である。三歳から十九歳までを人質として生活した家康の言葉だけに重みがある。

今川家の人質として駿府に移送された家康は、父を失ってはいたものの、母からの愛情は失っていなかった。尾張時代から引き続き、母の於大から衣服や調度品、菓子などがしばしば贈られていたという。

さらに、祖母の華陽院《けようういん》が今川義元に嘆願し、家康の養育係に就任している（『三河後風土記』）。華陽院は、家康の祖父である清康の後室に入ったとされる女性だが、清康が「守山崩れ」で亡くなったのち、別の者に嫁《とつ》ぐこととなり、その者が亡くなると、また別の家へと嫁いでいる。そうして転々としているうち、家康が人質として出された頃は、源応尼《げんおうに》という名

静岡駅前に立つ今川義元像〈右〉と竹千代像（静岡県静岡市葵区）

で出家していた。

彼女は、親しかった僧侶の智短上人《ちたんしょうにん》のもとへ家康をしばしば連れ出し、読み書きを教えたという（『華陽院由緒書』）。肉親とろくに顔を合わせることなく人質に出された家康だったが、母と祖母の愛には恵まれていたようだ。

松平家にとって今川家は、下請け会社における親会社に似た関係性ではあったが、存続を保証する後《うし》ろ盾《だて》であると同時に、独立を阻《はば》む障害でもあった。そんななかで肉親の愛に触れられたことは、身内を大切にする心を醸《じょう》成《せい》させることになったのかもしれない。

家康の趣味の一つに鷹狩《たかが》りがある。人質とはいえ、比較的に自由な行動を許されていた家康は、この戦国時代の「遊び」に子どもの頃から熱中していたという。

あるとき、家康は家臣の鳥居元忠《とりいもとただ》に命令した。

「百舌鳥《もず》を鷹のように飼い慣らしてみよ」

元忠は言われた通り、一羽の百舌鳥を飼育する。ところが、だいぶ慣れてきたからか、それとも一瞬、元忠が油断したためか、百舌鳥が逃げ出してしまった。

それを見た家康は、元忠を一喝《いっかつ》した。

「ぼやぼやしているから逃げられるのだ。だらしないぞ、元忠！」

そう言って、どなりつけたばかりでなく、元忠を縁側から突き落としたという（『鳥居家譜』）。

また、殺生の禁じられている寺の境内《けいだい》で鷹狩りを始めようとして住職に咎《とが》められる（『遠州可睡斎略譜《かすいさい》』）など、かなり奔放《ほんぽう》な人質時代を過ごしていた様子がうかがえる。一般的にイメージされる人質とはあまりにかけ離れた厚遇ぶりから、実は今川義元は、やがて家康が成人したら今川一門に迎え入れるつもりで養育していたのではないか、とする見方もある。

いずれにせよ、家康を補佐する家臣たちは一見、わがままに見える主君の振る舞いを前に、こう思った。

「これはやがて大物になる」

元忠を叱ったことについても、自分の思い通りにならなかったから怒鳴ったのではなく、部下の不注意を叱りつけたのだと考えると、見方が変わる。元忠の父である忠吉《ただよし》は、こんな言葉を残している。

「若君は自分が養育し、慕《した》われたものだ。常人であれば、その倅《せがれ》に対して遠慮があるというもの。しかし、若君にそんなことはなく心のままに振る舞われている。これこそ大将の器《うつわ》というべきものである」(『鳥居家譜』)

リーダーとしての才覚を、家康は人質の時代から徐々に発揮し始めていたとみることができる。

子どもながら冷静な分析力を披露する

リーダーの才覚ということでいえば、駿府で人質となっていた家康には有名なエピソードがある。

家康が十歳となった頃の話だ。家康はその日、家臣を伴って、駿府の西にある安倍川《あべがわ》の

河原での印地打ちを描いた挿絵『偉人繪話』（国立国会図書館蔵）

河原で行われる印地打《いんじう》ちと呼ばれる行事を見学しに出かけた。

印地打ちとは、この地方で端午《たんご》の節句に行われる行事で、子どもたちが二手に分かれて石を投げ合うというもの。要は石合戦だ。

この日は三百人と百五十人のグループに分かれて投げ合うこととなった。人数だけで見れば、前者の有利は明らかである。

家康らの見学に随伴《ずいはん》した今川家の家臣が、からかい半分で家康に尋ねたという。

「若殿は、どちらが勝つと思いますか？」

すると、家康はすぐさま答えた。

「小勢の方が勝つ」

今川家の家臣は呆《あき》れた。この者には人を束《たば》ねる資格がないと感じたらしい。あるいは、しょせんは子どもと思ったのかもしれない。家康は続けていった。

「見てみなさい。小勢の方は心を一つにしていて、まったく相手を恐れていない。相手が大勢であっても必死に立ち向かおうとしている。その証拠に隊列も乱れていない。真剣に投げるから、石の命中率も格段に上がる。一方、大勢の方は相手を見くびってか、ばらばらだ。相手を見下しているのだ」

かくして、石合戦が始まると、小勢の勇猛な突撃に恐れをなし、大勢の方はほとんど戦うことなく、蜘蛛《くも》の子を散らすように逃げてしまった。家康の予想した通り、小勢の方が勝利したのだ。この結果を見て、家臣たちは家康の底知れない才能に震撼《しんかん》したという。

常人であれば、人数の多い方が勝つと考える。合戦においても、大軍勢を率いた方が勝つのが常道で、少ない人数の方が勝利するというのは決して多くはない。

家康が「小勢が勝つ」と予想したのは、もちろん「そうなってほしい」という可能性に賭《か》けたのではなく、両軍のコンディションや士気を冷静に見極《みきわ》め、判断したのだ。

これを聞いた今川義元も、「竜よく竜を生ず」と家康を褒《ほ》めたたえたという。

若いうちに貪欲に学ぶ

先述した通り、人質とはいえ、駿府での家康は比較的に自由に過ごしていたようだ。家康が祖母に養育されていたことはすでに述べたが、いつの頃からか、義元は今川家の軍師である太原雪斎を家康の家庭教師につけている。

雪斎は臨済宗妙心寺派《りんざいしゅうみょうしんじ》の禅僧である。今川家の家督争いである花倉《はなくら》の乱《らん》で義元を助けて信頼を得ると、政治や軍事における今川家の最高顧問に就任。戦国時代の禅僧は、漢籍から兵法まで幅広く学んでいた知識人でもある。智慧《ちえ》を武器に、雪斎は今川家の発展に貢《こう》献《けん》し、絶大な影響力を誇った。今川家が甲斐の武田信玄や相模《さがみ》（現在の神奈川県）の北条氏康と対等に渡り合ったのも、雪斎の存在が大きい。

家康が雪斎から学んでいたというのは、先にも述べた「尾張に人質に出されていた際、家康と信長は会っているはず」との希望的観測にも似て、実は雪斎が家康を教育していた記録は残っていない。しかし、妙心寺（京都府京都市）の記録によれば、雪斎は早くから家康の才能を見いだしていたらしい（『妙心寺史』）。また、義元の父の代に成立した分国法「今川仮名目録」に、義元が新たに二十一カ条を追加してできた「今川仮名目録追加」と呼ばれる法令が、家康が駿府にいる時代に制定されている（『今川記』）。戦国武将としては非常に珍しい、こうした規範づくりを家康が目の当《ま》たり《あ》にしていたとしても不思議ではない。

後年、家康は鎌倉幕府の事績を記した『吾妻鏡《あづまかがみ》』や、『源氏物語』の講義を受けたり、藤原惺窩《せいか》や林羅山《はやしらざん》に政治や法律・経済を学んだりするほど、勉強好きの側面を見せている。その根源が、駿府での人質時代にあったと考えるのは自然といえるだろう。

太原雪斎（臨済寺蔵／静岡県立中央図書館歴史文化情報センター提供）

仮に家康が雪斎に学んでいたとすれば、武田氏や北条氏を相手に堂々と渡り合えるような兵学を人質となった地で身につけていったことになる。このときの学びが、家康の生涯に生かされていたことはいうまでもない。

ちなみに、賤機山《しずはたやま》のふもとにある臨済宗妙心寺派の寺院である臨済寺（静岡県静岡市）には、人質時代に家康が雪斎から学んでいたといわれる「竹千代手習い之間」がある。この寺は、後年、武田信玄による駿河侵攻の際に焼失してしまったため、家康が建て直しを命じたことでも知られている。

離れ離れの主従はそれぞれ戦っていた

家康が人質生活を送る一方、本国・三河の松平家はどうであったか。

今川軍が岡崎城を接収してからというもの、主君である家康を人質に取られたまま、松平家家臣が仕えていたのは、実質上、城代として置かれた今川家家臣の山田新右衛門《やまだしんえもん》だった。

今川家は松平家から上がってくる年貢《ねんぐ》をかすめ取り、家康に渡されたのはほんのわずかばかりの量だったといわれ、三河の家臣団の手元にはほとんど残らなかったらしい。そのため、三河国内は貧困に喘《あえ》ぎ、重臣ですら刀を鋤《すき》に持ち替え、畑仕事に出ざるを得ない状況だった。そんななかでも今川氏から指示されれば合戦に出撃し、あちこちの戦場で先陣を切らされ、家臣たちが一人、また一人と倒れていく状況だった(『三河物語』)。

あるとき、家康は駿府で行われた正月恒例の年賀に参列した。居並ぶ今川家の重臣たちのなかには、家康を知らない者もいる。見慣れない幼子がいたことで、重臣らはひそひそ話を始めた。「あれが清康の孫か？」「いや、そうではあるまい」などなど。このような声が耳に届くと、家康はおもむろに立ち上がり縁先に出て、家康の行動を見守る諸将の前で立ち小便をした。

「あのような豪胆な態度に出るとは、あれこそ清康の孫ならん」

あまりのくそ度胸に諸将たちはひそひそ話をやめたという（『御当家紀年録』）。

逸話の真偽は別にしても、家康を故郷に迎えるその日のため懸命に生きようという戦いを続ける家臣たちとともに、家康もまた松平家当主として、幼き身でありながら戦う日々だったのではないだろうか。

そんな家康が、駿府で元服を迎えたときのこと。家康はこれを機に、亡き父の法要を営《いとな》みたいと岡崎城への帰省を申し出た。その親孝行ぶりに感じ入った今川義元はすんなりと許可している。

このときに家康は領内を巡視した（『家忠《いえただ》日記増補』）。家康を驚かせたのが、重臣らが畑仕事をしていることであった。主君に惨《みじ》めな姿を見せたくない、と一同はずっと下を向いて農作業をしていたが、それに気づかぬ家康ではない。家臣を見つけて呼び止めると、

「わしに甲斐性《かいしょう》がないばかりに、苦労をかけるな。でも、もう少し辛抱《しんぼう》してくれ。いつか

必ず、おまえたちといっしょに仕事ができるようにするから」

やむなく農民をやっていた家臣たちは、頼りがいのある主君へと成長を遂げた家康の姿と言葉にむせび泣いたという。

感激したのは家臣だけではない。巡視の際に、家康は老臣である鳥居忠吉に、岡崎城の蔵へ密《ひそ》かに招かれている。そこには、窮乏に喘《あえ》いでいる領内の状態からは思いもつかないほどの膨大《ぼうだい》な量の米や金が蓄《たくわ》えられていた。今川方には見つからぬよう蓄財していたのだ。

「これを松平家の再興の資金にしてほしい」

そう言う忠吉の言葉に、今度は家康がむせび泣いた（『武徳編年集成』『東照宮御実紀』）。このときの経験が、のちの家康を倹約家にさせるきっかけになったといわれている。

主君不在の異常事態のなか、松平氏を見限り、今川家の家臣になることを選ぶ者も少しずつ現れてくる。それでも「餓死に及ぶ体《てい》にて」（『三河物語』）という辛酸《しんさん》を嘗《な》めてでも、松平家再興を決して諦《あきら》めない家臣たちの姿を見て、家康は勇気づけられた。家臣たちもまた、雄々しく成長を続ける主君の姿に奮《ふる》い立たされたのである。久々の家康の帰郷は、改めて彼らの決意を新たにさせたことだろう。

家康返還の嘆願を拒否した今川義元に対する評価

家康は天文二十四年（一五五五）三月に元服し、今川義元の斡旋《あっせん》で今川一門の関口氏純《せきぐちうじずみ》の娘築山殿《つきやまどの》と結婚した。次に迎えた転機が初陣《ういじん》であった。

初陣の相手は、寺部《てらべ》城（愛知県豊田市）の鈴木重辰《すずきしげたつ》。重辰は三河の武将だったが、今川方から織田方に寝返った武将だ。元服を果たした家康にとって格好の相手と考えたのか、義元は家康に討伐を命じたのである。

松平家家臣にとって、義元の命に従って出陣するのはいつもと変わらぬことだ。しかし、今回は主君の家康が初めて指揮を執《と》るという特別な意味をもつ出陣だった。

義元にとっては、家康の力量を計《はか》ろうとするものだっただろうし、松平家家臣団にとっては、主君の初陣を華々しく飾ろうという気概があった。

永禄《えいろく》元年（一五五八）二月に出陣した家康は、並《な》み居《い》る古老の家臣たちに向かってこう指図したという。

「敵はこの一城（寺部城）に限るのではない。もし諸方の敵城から後詰《ごづめ》されればひとたまりもない。先枝葉《えだは》を伐取《きりと》って後本根《もとね》を断つべし」（『東照宮御実紀』）

寺部城跡（愛知県豊田市）

そう言って、寺部城下に火を放ち、広瀬、挙母《ころも》、梅坪《うめつぼ》といった支城を攻め落とした。その後、松平軍は夜討ちで寺部城に奇襲を仕掛け、重辰を降伏に追い込んだ。家康は見事な勝利で初陣を飾ったのである。

家康の軍配は実に見事で、深謀遠慮に長《た》け、とても初陣とは思えないほど冴《さ》えわたっていたという。待ち望んでいた主君が、このような名采配《さいはい》を示したことに、家臣たちは喜び、「今後、いかなる名将になるだろう」と落涙《らくるい》したという（『東照宮御実紀』）。家康も長い人質生活の間に学んできたことが報《むく》われた瞬間であった。

その後も、今川軍の尖兵として松平家が戦場に立ったとき、そこに家康の姿があった。

合戦が終わると駿府に戻っていく家康の背中を見て、「いまこそ松平家再興のときだ」と考えた家臣の本多広孝《ほんだひろたか》、石川清兼《いしかわきよかね》らは、ここぞとばかりに駿府に赴き、義元に家康の岡崎城復帰を嘆願している。しかし、義元から許可は下りなかった(『松平記』)。

家康が初陣を迎える三年前となる弘治《こうじ》元年(一五五五)に、今川家軍師の太原雪斎は死去している。もし雪斎が生きていたら、松平家家臣の要請に、どのように対応していただろうか。ひょっとしたら、このタイミングで申し出通りに家康を岡崎城に返したら、松平家の家臣が恩を感じて、それまで以上に今川家に尽くすだろうという計算を働かせていたかもしれない。いずれにしても義元は、家康を駿府に留め置くことを選んだ。義元の判断については、こういう声もあった。

「義元愚将にして義を知らず。欲の深き人ゆえ」(『織田軍記』)

家康の武名が広く知れ渡った「大高兵糧入れ」

初陣を勝利で飾った家康は、その後、母である於大の兄・水野信元をはじめ、織田方となった諸将と戦い、勝利を収めている。

そもそも、松平家から織田家へと寝返った武将は、小勢力のためにやむなく強大な力を持つ組織に依存せざるを得ないという側面が強かった。家康が連戦連勝を続けると、その強さを認めた諸将らが少しずつ三河へ帰ってくる。やがて家康の勢いは三河に隣接する尾張との国境を侵食するほどまでになっていったのである。

そうなってくると面白くないのが、織田家の新しい当主となっていた織田信長だ。裏切りは絶対に許さない信長は、三河衆に一泡《ひとあわ》ふかせてやろうと、尾張国北東部に位置していた科《しな》（品）野《の》城（愛知県瀬戸市）に目をつけた。科野城を守るのは、松平一族の松平信一《のぶかず》である。信長は総勢一千騎を引き連れ、猛然と科野城への攻撃を開始した（『三河後風土記』）。

しかし、信一らは決死の籠城戦を展開し、織田軍を退《しりぞ》けている。松平家は、このように戦闘の場面でかなり今川氏に貢献《こうけん》していたのである。さらに、家康の指導のもと統率がよく取れており、戦闘能力も高い上に今川氏に従順な態度を示し続けている。

この頃の今川義元は、甲斐の武田信玄、相模の北条氏康と同盟を結んでいたことで背後の憂《うれ》いがなくなっていた。そんななか、うつけ者と揶揄《やゆ》された信長が織田家の当主になってまもない時期で、家督相続をきっかけに始まった一族同士の諍《いさか》いが続いていた。信長はまだ、その混乱を完全に鎮圧したとはいえない状態だったのである。

義元が尾張への進軍を始めたのは、そんな時期だった。永禄《えいろく》三年（一五六〇）五月のこ

大高城跡（愛知県名古屋市緑区）

とである。この侵攻は、駿河、遠江、そして三河をも手中にしていた義元が、さらなる領土の拡大を図ったもの、と考えられている。かつては上洛して天下に覇を唱《とな》えようとしたとする説もあったが、近年は今川氏の勢力圏の境界にある尾張国の東部地域の確保が実際の目的だったとする説が有力だ。

　ともあれ、今川軍は二万五千という大軍で出陣した。先陣を務めるのは、もちろん、家康率いる松平軍である。

　今川領のなかで突出して織田軍の監視が強かったのは、大高《おおだか》城（愛知県名古屋市）だった。大高城の安全を確保できれば、信長が居城としていた清須《きよす》（洲）城（愛知県清須市）まで向かうことが容易になる。それだけの重要拠点だっただけに、信長は大高城を奪い取るべく、周囲に砦《とりで》を築いて監視を厳しくしていたのである。

補給路を断たれ、信長の目論見通りに孤立した大高城は、兵糧《ひょうろう》が尽きて危機を迎えていた。そこで義元は、大高城に兵糧を届けるよう家康に指示。敵方に包囲されていた城に届ける危険な任務であった。今川軍の武将の誰もが尻込みしたといわれている。

家康はこれを引き受け、すぐに実行に移した。家康は正面を切って大高城を目指すのではなく、まず兵を三隊に分け、大高城周囲の織田方の城に火を放たせた。味方の城が焼かれていると慌《あわ》てた織田軍は、大高城の監視を行っていた砦の兵らも動員して救援に駆けつけようとする。手薄となったところを見計らって、家康は本隊を率いて大高城に兵糧を運び込んだのである。

あまりに絶望的な状況がたやすくひっくり返ってしまったため、義元は上機嫌となった。そこで、義元は家康にそのまま大高城を守備するよう命じたのである。

どんな困難も文句一ついわずに前向きに取り組み、そして成功させてくる部下に、上司は気をよくするものである。家康は大高城への兵糧入れを命じられたとき、義元にこう言ったという（『三河後風土記』）。

「今後も、普通の人ができそうにないと断念するようなことこそ、我々にお任せください」

義元の命に従って松平家が出陣するときは、毎度、難しくかつ危険な最前線に立たされていた。それなのに、松平の軍団の頭領が、「困難事こそ、私たちにお任せください」と言っている。家康からの申し出に、義元が喜ばない理由はなかった。

家康の側からすれば、困難を一つ乗り越えるごとに、義元の信頼を勝ち得ると考えていたのかもしれない。信頼を得ていくうちに、独立した一武将として認められるだろうとの算段があったはずだ。いまが踏ん張り時で、家康は降りかかる無理難題を、家臣たちと乗り越えていったのである。

岡崎入城の前に見せた慎重な判断

家康の思いがけない戦果に勢いづいた今川軍は、大高城を監視していた二つの砦をも攻め落とした。今川軍本隊を率いる今川義元は、大高城から少し離れた桶狭間《おけはざま》で休憩を取った。昼から酒を振るまい、早くも戦勝ムードの漂《ただよ》う様子だったという。

そこを少数の軍勢を率いた信長に急襲され、義元はあっけなく命を落とした（『信長公記』『三河物語』）。総崩れとなった今川軍は散り散りとなって敗走した。

大高城にいた家康のもとに「義元討死《うちじに》」の報が入ってきた際、すぐには信じなかったという。戦場でこのような虚報を流されることはよくある。家康の最後の戦いとなった大坂の陣や、関ヶ原の戦いでも「家康討死」の報が流れた。そのような情報を流すことによって敵陣の動揺を誘うのが目的だ。このときの家康は噂《うわさ》に流されることなく、まずは真偽を確かめるために情報収集に努《つと》めたという。

「確かな報《しら》せのないうちは絶対に退却はしない」(『三河物語』)

もし本当なら、いつ敵に襲われるかわからない状況だったが、家康はそう言って動かなかった。すぐに逃げ出せば、今川家に対する反逆と見なされる恐れもある。慎重な家康の性格を表す逸話といえよう。

どうやら義元が死んだのは本当だとわかると、すぐさま家康は退却を開始。大軍勢の今川軍に対し織田軍は小勢だったためか、戦闘に発展することなく家康らは撤退を開始した。向かう先は岡崎城である。

岡崎城は松平家の居城であるとともに、家康にとっての生まれ故郷であった。義元が死んだ以上、家康は岡崎に戻るべきだ。そして、松平家は今川家から独立するのだ。家臣たちは逸《はや》る心を抑えながら岡崎城に向かっていたに違いない。

ところが、家康は岡崎城に入ろうとはしなかった。その近くにある大樹寺《だいじゅじ》に入ったのである（『松平記』『三河物語』）。大樹寺は松平家の菩提寺《ぼだいじ》だったとはいえ、すぐ側にある岡崎城に入ろうとしないのはおかしい。訝《いぶか》しんだ家臣は「なぜ城にお入りにならないのですか」と家康に聞いた。

家康は、まだ岡崎城内に今川兵がいることが理由だと答えている。

もちろん、家臣は反論する。

「今川軍は全軍が敗走中です。ならば、岡崎城にいる今川兵も追い払ってしまいましょう。そうして岡崎城に復帰されるのが得策だと思います」

家康は、はやる家臣を落ち着かせるように言った。

「岡崎城は今川家が接収している城だ。それは、今川義元と父との間で交《か》わされた約束である。それを破ってはいけない」

ここに来ても、家康は慎重だった。家康は義元の息子である氏真《うじざね》の許しがなければ、岡崎城に入ることは許されない、と主張したのである。

そうこうしているうちに、岡崎城内の今川家家臣から家康に入城の要請があった。自分たちだけで城を守るのには不安があったからだろう。家康はこれに対しても、

錦絵『桶狭間今川義元血戦之図』

今川義元が本陣を置いたとされる「おけはざま山」碑（愛知県名古屋市緑区）

大樹寺山門（愛知県岡崎市鴨田町／岡崎市観光協会提供）

「氏真殿からの命令でなければ入ることはできない。それなくして入城するのは義に反する」

　と突っぱねている。家康の家臣たちは不満だった。長年の悲願がいままさに目の前にぶら下がっているのに、肝心《かんじん》の主君が乗ってこないのだ。当然といえば当然だろう。

　味方である今川軍はどんどん駿府へと敗走しているなか、岡崎城の今川家家臣の緊張は、頂点に達していた。いつ岡崎城が織田軍に襲われるかわからない。しかも、かつて織田方の人質であった家康が織田方に寝返って攻撃してくるかもしれない。このような不安が高じて、ついに岡崎城内の今川兵は城を出て、駿府へと逃げ去って行った。そうなって初めて、家康は動いた。
「今川家はこの城を捨てて行った。捨て城ならば拾おう」（『三河物語』）
松平家の家臣たちは歓喜に沸《わ》いた。
石橋を叩《たた》いて渡る慎重さを見せた家康は、のちに今川側から何をいわれても差し障《さわ》りのないように筋を通したともいえる。十年以上のときを経《へ》て、岡崎城が真の主《あるじ》の手に戻った瞬間であった。

百八十度の政策転換は家臣と相談の上で行った

岡崎城を取り戻した家康は、その後も今川氏への義理を貫いていた。

「亡き父上の仇《かたき》を取ってください。命令いただければ、我ら松平軍が先陣を承《うけたまわ》ります」

義元の跡を継いだ氏真に対し、しきりに煽《あお》っている（『三河後風土記』『岩淵夜話別集』）。

その一方で、織田方となっていた諸城を攻めた。これは三河の地固めと見ていいだろう。

当初、家康のことなど眼中になかった織田信長も、その戦巧者《いくさこうしゃ》ぶりに舌を巻き、「これは侮《あなど》れない」と感じ取っていたようだ。

やがて、織田方となっていた家康の母である於大の兄・水野信元の進言もあって、信長は家康との和睦を決意。実はこのとき、信長は西に向けての領土拡大を画策しており、背後の勢力となる三河や駿河にはできることなら敵を残しておきたくないという思惑があった。信長の意向を伝えるべく、織田家家臣の滝川一益《たきがわかずます》を松平家家臣の石川数正のもとへ派遣してきた。

家康は悩んだ。どれだけ捲土重来《けんどちょうらい》を促《うなが》そうとも、氏真はまったく動こうとしない。これまで織田家との戦いに今川家の先陣となって出陣してきた松平家にとって、織田と同盟を結ぶことは、百八十度の政策転換である。しかし、三河統一という当座の目標を抱えていた家康と、三河や駿河と争いたくないという信長の意向は完全に一致している。

そもそも家康が今川領の駿府に戻らず岡崎城にとどまっていたのは、今川の尖兵として織田軍を迎え撃つ姿勢であると同時に、これを機に今川家から独立を果たすという意識の表れと見ることもできる。

ここで家康は家臣を集めて会議を開いている。織田家との同盟に賛成したのは、重臣の酒井忠次《さかいただつぐ》。同じく重臣の酒井忠尚《ただよし》は、まだ多くの妻子が今川家に人質として残っていることを理由に反対している。賛否両論含めた多くの意見を受け止めながら、家康は信長との和睦を決断した。

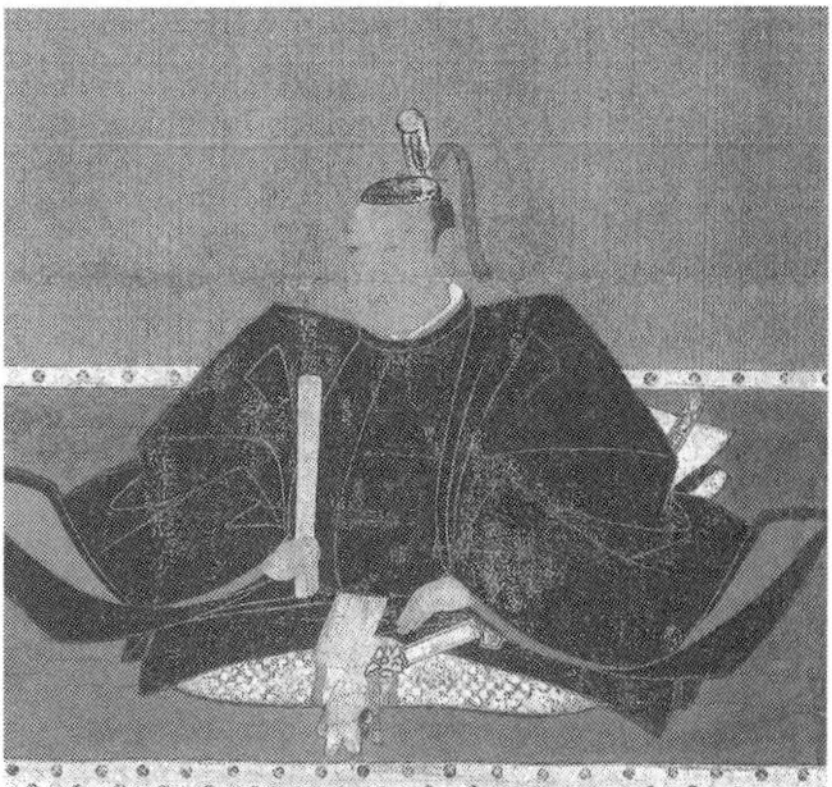

太鼓を打ち鳴らす酒井忠次像〈上〉（愛知県岡崎市）と酒井忠次〈下〉（先求院蔵）

これは織田家の配下に属するのではなく、一武将として同盟を結ぶことである。動きのないままの今川家にいつまでも義理を通すよりも、松平家の念願であった独立を優先させたことになる。

長い人質時代を経て、ここからようやく、武将としての家康の歩みが始まるのだった。

第三章　武将としての足場を確立する

家中にくすぶる不安を家臣と同じ目線に立って解消

これまで所属していた組織を飛び出して独立を果たすとき、誰もが不安を抱えるものだ。収入は確保できるか、仕事は途切れず入ってくるのか、競合他社に食い潰《つぶ》されやしないか、など。これまで何かと言いわけにしてきた会社の体制もなければ、理解のない社長や上司もいない。飛躍するきっかけとなるか、取り返しのつかない大負債を抱えるのか。独立にはそうした不安がつきものだ。

今川氏から独立を果たした家康も、現代の起業・独立する人たちと同じような気持ちを味わっていたに違いない。当時、家康はまだ二十歳にならない若者だ。家を発展させられるのか、潰されてしまうのか。それを、両肩に背負うことになったのである。

不安は家康についてきた家臣も同様だ。家康の父である広忠を亡くしてからというもの、これまで家臣団が戦ってきた合戦の多くは、今川氏の尖兵としてであった。家康が今川家の人質となっていたとき、家臣団との間に十分なコミュニケーションは取れずにいた。待望していたとはいえ、若き主君・家康の差配によって、戦闘のみならず、今後は内政も外交も試されることとなる。幾ばくかの不安があるのは当然だった。

独立後、家康が取り急ぎ思い描いたビジョンは、三河を統一すること。

徳川家（松平家）家臣の大久保忠教によって書かれた『三河物語』によると、家康の祖父で、三河統一を目指して勇躍した清康は、「わずか三百ほどの譜代」で三河国西部を制圧したとある。今川家から独立した直後の家康の家臣の数は二百五十といわれるから、勢力的に引けを取っているわけではない。独立後の松平家は、まさに家康のリーダーシップいかんにかかっていたといえる。そこで家康が留意しておかなければならない点といえば、家臣が自分についてきてくれるのかどうか、であった。

そこで、家康が最初に取りかかったのは、家臣たちの抱える不安をどう解消するかである。独立までの勢いはどこへ行ったのか、大会社から切り離された下請け会社の社員のごとく、家臣たちの不安は先行きが見えないから当然だ。織田氏との同盟にしても、乱世の時代とあって、いつどうなるかはわからない。結果的には、この同盟は織田信長が死ぬ約二十年後まで続くわけだが、それはのちの歴史を知る者の見方であって、当時に生きていた彼らが、それを知る由《よし》はない。

家臣団は人質となっていた家康に危害を加えられてはならない、と今川家の者には平身低頭、とにかく何でもいうことを聞いていた。このことが心理的な作用をもたらしていたのはいうまでもない。さらに人質といえば、家臣の妻子の多くは、いまだに今川領に取られた状態であった。こうした不安要素もあって、家臣団はまだまだ一枚岩と呼べる状態にはなっていなかった。

今川氏と完全に手を切るということは、それまでの松平氏の外交方針を百八十度変えることだ。反対する家臣は少なくなかった。公然と反対していたのは、老臣・酒井忠尚であった。忠尚は、長年にわたる今川氏との主従の義理を理由に、今川氏を離れ、織田氏と手を結ぶことをよく思ってはおらず、そのことを家康に訴えてもいた。もちろん、先にも述べたように忠尚の妻子も人質に取られていたから、本音《ほんね》はそちらの理由だったかもしれない。

さて、信長と組むときには影を潜《ひそ》めていたこのような抵抗勢力が、いざ同盟を組んだ後に不平不満を言ってくるのは、組織にはよくある話だ。これが信長のようなリーダーだったら、抵抗勢力など無視するか、ばっさりと斬ってしまうことだろうが、家康はそうはしなかった。若きリーダーが取った行動は、「自分も身を切る」であった。

実は、家康も自身の妻子である築山殿と竹千代（のちの松平信康《のぶやす》）を今川領に置き去りにしていた。裏切った者の妻子が敵陣営に残されているのは、相当にリスキーな話である。

いつ殺されるかわからない。わからないというより、殺されて当然の状況だ。

家臣たちに対し、家康は自分も妻子を犠牲にする覚悟であると表明することで、家臣の不安をいくらかでも取り除いた。主従で同じ立場を貫くとの言明に、家臣の多くは覚悟を共にした。自分だけ憂いのない状態にして部下にだけ不安の種を押しつけるリーダーも少なくない。そんなリーダーと違い、家康は自分も身を切って家臣らの忠義や結束を手に入れたのだ。

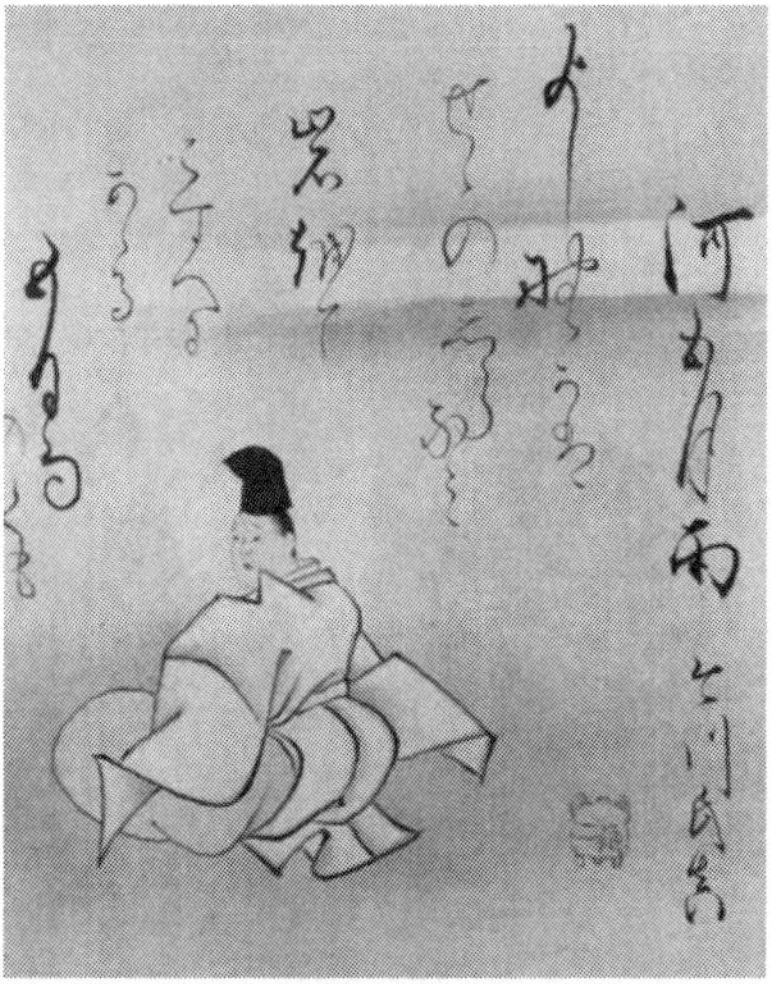

酒井抱一筆『集外三十六歌仙図画帖』に収録される今川氏真（姫路市立美術館蔵）

一方で、今川氏真から怒りの使者が差し向けられると、「織田家との同盟は敵をあざむくための戦略」と弁明（『三河後風土記』）し、詰問《きつもん》を退けた。家臣団に巣食う抵抗勢力の意を汲《く》んだ釈明といえよう。もちろん、このときの家康には、織田氏と今川氏を天秤《てんびん》にかけるという戦略があったかもしれないし、家中の立て直しを図る段階では今川氏との全面戦争に耐えられるわけもなく、それだけは避けておきたいとの思惑もあったはずだ。いずれにせよ、家康は家臣と自分が同じ境遇であることを印象づけた上、不満の矛先《ほこさき》をうまくかわし、三河統一というビジョンに向かう下準備を整えたのである。

三河一向一揆で見せた家康の表の顔と裏の顔

独立直後の家康の目下の目標は、「三河統一」であった。

織田氏との同盟が成ると、三河国東部の土豪らが今川氏を離れ、家康のもとに集まり始めた。今川と織田のパワーバランスに変化が生じたのである。

背景には、かつて家康の祖父である松平清康が三河の大部分を統一していたことも無関係ではない。『三河物語』によれば、清康は「身分に関係なく、誰にも慈悲深い」武将だったとあるから、清康に恩義を感じていた土豪は多かったのだろう。こうした状況にあって、義元の死による今川氏の衰退という絶好の機会を逃《のが》すはずもなく、家康は三河にある今川方の諸城の攻略を始めたのである。

三河の今川方である東条城《とうじょう》（愛知県西尾市）の吉良義昭《きらよしあき》や牛久保城《うしくぼ》（愛知県豊川市）の牧野成定《まきのなりさだ》に目をつけ、家康は本多広孝らに攻略させた。攻略した義昭らの領地は鳥居元忠や酒井正親《さかいまさちか》らに治めさせている。

　吉良義昭は義元に従属した名族であった。今川氏に忠義を尽くす義昭の命を奪うようなまねは、家康はしなかった。これは、三河に残る今川方の諸将に示した心理的な緩和策でもある。こうして永禄四年（一五六一）の暮れ頃には、家康は祖父である清康の築いた勢力圏をほぼ回復するまでに至っている。

　翌永禄五年には、上ノ郷《かみのごう》城（愛知県蒲郡市）攻めで城主の鵜殿長照《うどのながてる》の子らを生《い》け捕《ど》りにし、今川方に残されていた家康の妻子との人質交換に成功。これで今川氏から完全に独立を果たしたこととなる。このタイミングで家康は名を「元康」から改名した（『朝野旧聞裒藁』）。いうまでもなく「元康」の「元」の字は、今川義元から与えられたものだ。

　当初、三河統一は順調に進んでいた。ところが、「家康」改名からまもなくして思いがけない事態に見舞われる。三河一向一揆《いっこういっき》の勃発《ぼっぱつ》である。

　一揆を起こした一向宗とは、親鸞《しんらん》の開いた浄土真宗《じょうどしんしゅう》を指す。もともと松平氏は浄土宗に帰依《きえ》していたが、一向宗は三河国西部に広く信者を獲得していた。そこで、彼らを庇護することで、その勢力を後ろ盾とし、岡崎に進出したという経緯があった。その影響で、松平家家臣のなかにも一向宗を信仰する門徒《もんと》は多数所属していた。

芳年筆「三河後風土記之内」より『大樹寺御難戦之図』

本多正信（『徳川二十将図』より／ColBase
〈http://colbase.nich.go.jp/〉）

組織で大切なことは理念である。理念のもとに結集した集団は、揺るぎない信念のもとに思いがけない力を発揮する。家康は三河統一を掲《かか》げて家臣をまとめあげていたが、一方で深い信仰を持つ家臣の存在には警戒していた。武将としての理念と門徒としての理念は異なる。一向宗の門徒は、念仏を唱えれば救われる、というシンプルな教義で人を集め、固い結束を誇っていた。こうした集団を放置していては、組織が大きくなるに従い、両者の間に溝《みぞ》ができ、のちのちの火種となる。両者の揉《も》め事《ごと》を防ぐためには、事前に門徒に伺《うかが》いを立てなければならなくなる。そうしなければ物事の進まない組織など、家康は望んでいなかった。遅かれ早かれ、家康にとっては摘んでおかなければならない芽が、三河の一向宗だったのである。

家康なりのリアリズムが、家臣らの信仰をそのまま許すわけにはいかなかった。三河一向一揆は偶発的ではなく、家康自らが挑発してわざと起こさせたとする説もある。三河の一向宗が決起した端緒には諸説あるが、ここでは深く述べない。簡単に説明すれば、家康の強引な兵糧米《ひょうろうまい》の徴収に対し、門徒が決起したのである。

いずれにしても、軍議に参加していた家臣が翌朝には門徒に合流して敵となっていたという話があるぐらい、家中は混乱した。家臣団の半数が門徒だったとの説もある。

まだ権力基盤の整っていなかった時期の内乱であったが、要は、主君に忠義を尽くす勢力と、何をおいても信仰の名のもとに命を捨てる勢力との対立という構造であった。ところが、後者には、この混乱に乗じて家康を打倒してしまおうという思惑をはらんだ抵抗勢力も少なからず入り込んでいた。このことが一向宗側の瓦解《がかい》の一因となったのは間違いない。

門徒として一揆に加担した松平家家臣にも迷いがあった。なかには、戦場に家康を見つけると逃げ出す門徒の家臣がいたり(『三河後風土記』『三河物語』)、主君の危機と見るや、味方であった門徒の陣中に斬り込んで家康を救ったという家臣もいたりした(『武徳編年集成』)ほどである。当初優勢だった一揆側が徐々に劣勢になっていったのは、組織内の意識がバラバラだったことが原因の一つと考えられる。

一揆側の劣勢を見た家康は、すばやく和平工作に転じた。家康の出した和議の条件は、一向宗の既得権の保護や、一揆首謀者の助命など、非常に友好的な内容になっていた。安心した一揆側は抵抗なく、この和議を受け入れた。

問題は敵側に乗じた家臣たちの処罰である。門徒として決起した家臣の多くは、忠義か、信仰かで悩んでいた。このような家臣を家康はどのように裁いたのか。

結果からいえば、家康は彼らを裁くことをほとんどしなかった。そればかりか、帰順してきた者たちをそのまま受け入れたのである。一度裏切った者を再び雇い入れるなど、なかなかあり得ないことだ。現代の組織でも受け入れがたいのではないだろうか。

もちろん、ただ彼らを受け入れたわけではない。のちのちの禍根《かこん》を断つため、家康は彼らに宗旨《しゅうし》変えを命じた。浄土宗へ改宗するよう促したのである。多くの者はこれに従ったが、改宗に応じない者も、もちろんいた。のちに家康の側近となる本多正信《ほんだまさのぶ》もそのうちの一人であった。改宗に応じなかった正信は、三河を出てしばらく放浪する。

一度は自分を裏切った部下に対して、こうした寛容さを持つことは口でいうほど容易《たやす》くはない。許された部下は、それまで以上に家康に忠義を尽くすようになった。そうなることを知っていて家康が許したのかどうかは定かでないが、これものちの家康勇躍の要因となったことは間違いない。

ちなみに、一向宗と和議を成した後、完全に戦意を失ったところを見計《みはか》らって、家康は一向宗の寺院を徹底的に破壊した（『三河物語』）。さらに、家臣だけでなく一向宗の門徒にも改宗を迫っている。聞き入れない僧侶は国外追放にするなど厳しく当たり、三河から一向宗を締め出した。自国にくすぶる憂いを完全に払拭《ふっしょく》するためである。この辺り、後世に

「タヌキ親父」と揶揄《やゆ》される片鱗《へんりん》があったのかもしれない。

三河一向一揆を鎮圧し、懸念していた足元の一向宗を三河から追放した家康は、改めて結束の固まった家臣とともに三河統一に邁進《まいしん》した。

三河統一直後の組織編成から能力主義を採用する

三河を統一した家康は、地盤固めに移った。

西側の勢力である尾張の織田信長とは同盟を結び、かつての主だった今川氏も弱体化の一途を辿《たど》っている。国内の抵抗勢力は三河一向一揆の鎮圧でほとんど一掃《いっそう》した。内政を整備するのに、このような好機は滅多《めった》にない。余勢を駆ってさらなる勢力拡大を目指す武将もいるが、まず足元を固めていく辺りが、家康たるゆえんだろう。

まず、家康は三河国東部の吉田城（愛知県豊橋市）に、家康の父である広忠の時代から松平氏に仕えている重臣・酒井忠次を置いた。忠次の部下には、三河国東部の松平一族がそのまま与えられている。一方、三河国西部には石川家成（のちに石川数正）を置き、同じく松平一族が配された。忠次と家成を「両家老」と呼ばれる重臣筆頭に据えたのだ。

東西に置かれた二人の家臣は、松平家の軍事などを司《つかさど》る重要な役割を与えられたが、ここで注目すべきなのは、家康がこの地位に松平氏の一族を置かなかった点だ。これは当然、忠次や家成の能力を高く買ってのことと考えられ、いまでいう「能力主義」で抜擢《ばってき》したのである。

この時代、家の重要ポストが主君の近親者で占められるのは珍しくはない。裏切りが当たり前の時代にあって、リスクを少しでも減らすためには、血族で周囲を固めてしまうのも危機管理の一つであった。

たとえば、安芸《あき》（現在の広島県西部）の毛利元就《もうりもとなり》は自身の子どもたちを側近に据えているし、薩摩《さつま》（現在の鹿児島県西半部）の島津義久《しまづよしひさ》は、弟である義弘《よしひろ》・歳久《としひさ》・家久《いえひさ》が重臣だった。

現代でも社長の親族が役員に名を連ねるのはよくある話だ。親族が優秀であるならば、それも一つの人事として受け入れることもできるが、血縁にない一般の社員たちには、「これ以上の昇進は見込めない」と感じさせてしまう側面もある。昇進できないことがわかってしまうと、モチベーションを保てなくなる部下も出てくる。実力のある者であれば、なおさらである。

一族の者とそうでない者を決して区別しない家康の采配は、この組織が「松平家」によってのみ支えられるものではなく、三河の国衆全員によって成り立つものなのだという意思表明でもあった。それがわかればこそ、部下は自分の全能力を仕事に活《い》かそうとするし、組織のために成長しようともする。松平家に所属する家臣が一人でも多くそう思えれば、家康にとって大きな武器になる。家康の組織とは、こうした一人ひとりが上を目指そうという高い志によって支えられていたのである。

三河統治の代表的な成功例となった三奉行制度

能力主義と一口にいっても、なかなか難しい。上に立つ人間はどうしても、自分の好みの人材を側に置きたくなるものだ。事あるごとに反抗してくる者よりはイエスマンでまわりを固めて、自分が何もいわなくても面倒なことをさっさとやってくれる者を選ぶ。しかし、家康の抜擢《ばってき》術は、そういう人事とは違っていた。

「人材登用のとき、どうしても自分の好みが前に出てしまうが、これほど悪いことはない。好みは捨て、その者の長所だけを見て登用するのがいい」

これは家康が常日頃、口にしていた登用術であり、この言葉を具体的に表したのが、三奉行制度である。

領国経営に力を入れることになる前の家康は、どちらかというと部下の役割を場当たり

本多重次（個人蔵）

天野康景（『後風土記英勇傳』）

的に任命していた。三河統一後になると、目的のある役割を定めて、継続性のあるものに変えていったのである。

三奉行に抜擢されたのは、本多重次《ほんだしげつぐ》、高力《こうりき》清長《きよなが》、天野康景《あまのやすかげ》。江戸時代の儒学者である新《あら》井白石《いはくせき》の著《あらわ》した『藩翰譜《はんかんふ》』によれば、この三奉行は、領民にこう歌われたという。

「仏《ほとけ》高力、鬼作左《おにさくざ》、どちへんなしの天野三兵」

仏高力と呼ばれた清長は、三河一向一揆の際に平定した寺院の仏像や経典などを拾い集めてもとに戻したというエピソードが残されているほど、温厚な性格だったと伝わる。

鬼作左と呼ばれた重次は、見かけが強面《こわもて》で性格も短気であったことから「鬼」と称されたが、私心がなく、領民に優しく接する人物であったという。

康景につけられた「どちへんなし」とは「公平」という意味で、思慮深いと評された人であった（『寛政重修諸家譜《かんせいちょうしゅうしょかふ》』）。三人ともそれぞれ異なった性格の持ち主で、それを領民もわかっていたということだ。

一見、共通点のない三者三様の三人を奉行職においた家康の狙いは、何だったのだろうか。

一人の人間には長所と短所がある。それぞれキャラクターの立つ三人を置くことで、彼らはそれぞれがそれぞれの短所を補い合い、官僚的な仕事を見事にこなしていった。三奉行のおもな仕事は、基本的に領民を直接取り仕切ることだ。何か揉《も》め事があったら、訴訟を請《う》け負うなどの仕事だから、領民に最も近い役職である。一人だけに仕切らせていたら、短所が浮き彫りとなり、何らかの落ち度があったかもしれない。そこから反乱の火の手が上がることは十分に考えられる。家康には、こうした性格の違う者同士を組ませることで、互いを補塡《ほてん》し合い、切磋琢磨《せっさたくま》させる狙いがあったのかもしれない。実際に、三奉行制は領民からの受けがよく、その評判は家康の耳にも当然届いている。

性格の違う三人をただ置いただけでは、こうはうまくいかないだろう。そこにはやはり、家康の深い人間観察があったことも要因の一つと考えられる。人質時代に多くの大人を目《ま》の当たりにしていたことで、「人を見る目」が知らず知らずのうちに養われていった結果だったのではないだろうか。

家康は三奉行の仕事ぶりについて特に口出しをすることなく、彼らに任せきりといわれている。現在の企業のように何につけても上司の承認や稟議《りんぎ》をまわすようなことなく、彼らに多くの裁量を持たせたことは、重次らに責任感を持ってもらう意図もあったはずだ。重次は粗野な言動の目立つ人物だったが、この異例の抜擢に感謝すると同時に、日々の言動が責任者らしいものに一変したとも伝わっている。

この制度の成功は、三河の統治を加速度的に進ませることになった。なお、こうした領国支配の体制を整える一方で、家康は永禄九年（一五六六）、松平姓から徳川姓へと改姓している（『創業記考異』『御湯殿上日記《おゆどののうえのにっき》』「日光東照宮文書」）。かつては、この改姓は天下を睥睨《へいげい》し、征夷大将軍となるために清和源氏《せいわげんじ》に連なる系図を詐称《さしょう》した、ともいわれた。しかし、この段階で家康がそのようなことを模索していたとは考えづらい。慎重に慎重を重ねる家康である。天下を意識していたというより、三河国の支配者たる「三河守《みかわのかみ》」にふさわしい権威を内外に強く印象づけるための改姓とみるのが正しいようだ。改姓は勅許《ちょっきょ》にもとづく三河守任官と同時期に行われている。

「金ヶ崎の退き口」で殿軍を務める

永禄十一年（一五六八）九月、織田信長は足利義昭《あしかがよしあき》を奉じて上洛した（『言継卿記《ときつぐきょうき》』）。義昭が将軍宣下《せんげ》を受け、室町《むろまち》幕府十五代将軍に就任する（『公卿補任《くぎょうぶにん》』）と、義昭を後ろ盾に信長は天下人に最も近い人物となった。

そんな信長が、自身に反抗的な態度を続ける朝倉義景《あさくらよしかげ》を討つべく、越前《えちぜん》（現在の岐阜県北西部、福井県の嶺北《れいほく》地方、敦賀《つるが》市）に向け、軍勢を出したときのこと（『言継卿記』）。信長の要請を受けた家康は元亀《げんき》元年（一五七〇）四月、三河武士団三千を率いて出陣したが、予想もしないことが起こった。信長の妹である市《いち》と結婚し、義理の兄弟となっていた近江《おうみ》（現在の滋賀県）の浅井長政《あざいながまさ》が信長を裏切り、襲いかかってきたのである。信長は慌てて進軍を打ち切り、京都に軍勢を引き戻した。世にいう「金ヶ崎の退き口《かねがさきののぐち》」である。

戦地の家康は、長政の裏切りや信長の撤退という状況を把握していなかった（『東照宮御実紀』）。つまり、家康ら三河武士団は、敵地に取り残される形となってしまったのである（『三河物語』）。

そこへ、織田家家臣である木下藤吉郎秀吉《きのしたとうきちろうひでよし》（のちの豊臣《とよとみ》秀吉）から援軍要請が届いた（『三河後風土記』）。秀吉は信長の命を受けて殿軍《でんぐん》を引き受けていた。殿軍とは、味方の軍勢を無事に退却させるために敵地に残り、敵方の追撃を食い止める役割だ。

状況を知った家康がすぐさま秀吉のもとへ参じると、目の前に広がっていたのは、多勢の追撃に苦戦を強《し》いられ、いまにも崩れそうな木下軍の姿であった。これを見て思わず尻込みする家臣らを家康は叱咤《しった》した。

「援軍要請で参ったのに、ここで木下軍を捨て置けば、信長殿に合わせる顔がない――」

「者どもかかれ」と命令して、自ら敵陣に突っ込んでいったという。家康の猛攻に触発されるようにして家臣団も奮戦し、敵勢を退かせた。またさらにそれを見た木下軍も勇気づけられ、無事に味方の軍勢の退却に成功した。家康はいったん京都に退いた後に、岡崎に戻ったという（『寛永諸家系図伝』）。

なお、家康が「金ヶ崎の退き口」に加わったのは史料に乏《とぼ》しく、史実でないと指摘する声もある。

姉川の戦いは三河武士団の軍事訓練だった

金ヶ崎の退き口からまもなくして軍勢を整えなおした信長は、裏切り者である浅井長政と、先年からの抵抗勢力である朝倉義景を討伐するために出陣した。「姉川《あねがわ》の戦い」である。

永禄十一年（一五六八）より、家康は今川領である遠江への進出を果たしていた。つまり、出陣した頃は、家康が居城を三河の岡崎城から遠江の浜松城（静岡県浜松市）へ移し、遠江支配に着手しようとしていた矢先でもあった。徳川軍の猛攻に恐れをなし、今川氏の家臣は次々に家康に帰順。三河の徳川家家臣らも続々と浜松城へと集まってきていた（『当代記』）。そんなところに、信長から出陣要請が来たのである。

家康は前回を上回る五千の兵力でこの戦いに臨んだ。この数は三河武士団を総動員した数に等しいといわれている。

信長は当初、家康に浅井家を叩くよう要請していた。ところが、合戦当日の朝になって敵の陣容を見ると、「浅井こそ憎い。徳川殿は朝倉を討ってほしい」と急に標的を変更してきたという。すでに浅井勢に対する態勢を整えていた家臣は、大慌てである。重臣である酒井忠次は家康に猛抗議した。ところが、家康はこう答えて、忠次を戒《いまし》めたという。

『姉川合戦図屏風』（福井県立歴史博物館蔵）

戦場となった姉川河畔（滋賀県長浜市）

「浅井軍は小勢。朝倉軍は多勢。多勢に立ち向かうのが武士の本分だ」。

これまで領地内の合戦は経験してきたものの、姉川の戦いの規模の戦《いくさ》は、徳川軍にとっては初めてである。越前遠征では金ヶ崎の退き口以外ではほとんど活躍の場もなかった。つまり、姉川の戦いは全国に武将としての名を上げる家康にとってのデビュー戦でもあった。家康には、ここで信長に貸しをつくっておくぐらいの考えがあったのだろう。

戦いは一時、浅井・朝倉連合軍が優位に立ったものの、忠次の活躍によって朝倉勢を押しのけ、信長が手を焼く浅井勢を横合いから襲撃すると、特に本多忠勝《ほんだただかつ》の奮戦がきっかけとなり、浅井勢が総崩れとなった。これに力を得た織田軍が総攻撃を仕掛けて、浅井・朝倉連合軍は小谷城《おだに》（滋賀県長浜市）へと退却した（『信長公記』『当代記』）。結果、千七百余りの首級を獲った織田・徳川連合軍の圧勝に終わったのである。

三河や遠江で領内の抵抗勢力を相手に戦ってきた家康にとって、上洛まで果たした信長の戦いぶりを間近に見ることができたのは、実地で学べる格好の機会となった。

さらに、この大舞台で家臣団の動きを差配できたことも大きい。酒井忠次、石川数正、榊原康政《さかきばらやすまさ》、本多忠勝らは、それぞれの軍勢をよく統率し、「徳川家、ここにあり」という働きぶりを見せた。彼ら重臣はもとより、三河武士団もようやく合戦らしい合戦に立ち会うことができたこともある。今川氏の尖兵として戦っていた頃にはなかった「主君・家康の命令で他国の敵と戦う」という実戦を経験できたのである。そして何より、浅井・朝倉連合軍を撃破する結果も伴った。

そういう意味で、姉川の戦いは家康・家臣ともに、大がかりな「軍事訓練」だったといえよう。苦境をはねのけ、主従で合戦を勝利に導いたことは大きな自信に繋がり、その結束力はますます結びつきを強くしたのである。

戦国最強の武田軍と相まみえる

元亀二年（一五七一）、相模の北条氏康が死去した。氏康の跡を継いだ氏政《うじまさ》は、甲相駿《こうそうすん》三国同盟の崩壊後、対立の続いていた武田家との同盟を締結。同時に、越後《えちご》（現在の新潟県）の上杉謙信や家康との同盟を破棄している。その陰で、家康は信長と越後の上杉謙信との盟約締結に奔走《ほんそう》していた。軍事バランスが大きく崩れていく時期に、家康はその一角として動きを見せていたのである。

家康や信長が謙信と接近するということは、信玄と敵対するということでもある。これを受けて、信玄は家康の領土である遠江にたびたび侵攻している（『武徳編年集成』）。家康方は武田軍の攻撃をかろうじて退けたが、信玄が三河にまで侵入してくると、家康は自ら出陣し、三河の守りを固めて信玄を牽制《けんせい》した。

信玄は信長も戦うのを極力避けていたといわれるほどの戦巧者《いくさこうしゃ》だった。無敵の騎馬軍団を擁し、統率の取れた軍隊は、誰もが恐れおののく戦国時代の大物中の大物である。家康と信玄との間には、高校野球を出立てのルーキーと、大リーガーの名選手ほどの戦力差があったといってもいい。いかに家康に才覚があったとはいえ、分《ぶ》の悪い相手であった。

ちょうどこの頃、京都では、将軍である足利義昭が、飛ぶ鳥を落とす勢いの信長の存在を疎《うと》んじ、密《ひそ》かに各国の武将に打倒信長をけしかけていた。信玄の軍事行動には、義昭の呼びかけも背景にあった。信玄の他にも、本願寺《ほんがんじ》や松永久秀《まつながひさひで》、浅井長政、朝倉義景といった勢力が義昭に呼応している。いわゆる「信長包囲網」である。

もっとも、信玄にとっては、先んじて畿内と室町幕府の実権を掌握してしまった信長に対抗するために軍事行動に出た、と見るのが自然かもしれない。義昭からの誘いがなくても、遅かれ早かれ、信玄と信長との対決は避けられなかったと見ることもできる。いずれにしても、信玄は信長との全面対決の第一弾として、その同盟者である家康に狙いを定めたのだ。

三河や遠江といった家康の領土に侵出してくる武田軍の動きを見た信長は、「浜松を出て、岡崎に戻るように」と指示を出した。家康は「状況を見て、そうせざるを得なくなれば、そのときには岡崎に移ります」と答えたものの、家臣には「浜松を去るぐらいだったら武士を辞める」と、その覚悟のほどを見せたという（『改正三河後風土記』）。

武田信玄像（山梨県甲府市）

家臣らは家康を頼もしく思ったであろうが、相手が悪かった。兵力を比べれば、徳川軍はどうやっても八千ほどなのに対して、武田軍は約二万五千。戦う前から結果は見えている。家臣らは「信長に援軍を要請しましょう」と進言したが、家康は「他人の力を借りて戦うのは不本意だ」といって聞かない。これを受けて家臣は、「信長からの援軍要請に応《こた》えて、たびたび兵を出しているが、こちらから信長に援軍を頼んだことはありません。隣国同士が助け合うのは当然です。今回、援軍を要請したとしても決して恥ずかしいことではありません」と説得し、家康はようやく信長に援軍を依頼する使者を出した（『徳川実紀』）。信玄という巨人と戦うのに緊張と興奮ではやる家康と、落ち着いた判断のできる家臣との関係がうかがえる。ここから、この組織が上司と部下がどんなときでもきちんとしたコミュニケーションの上で成り立っている事実を教えてくれる。

命を危うくさせた敵方の武田信玄を敬う

徳川軍と武田軍が激突した三方ヶ原《みかたがはら》の戦いは、武田軍の圧勝に終わった。家康を浜松城に追い詰めた武田軍は、軍議を開いている。席上では、このまま浜松城を落としてしまおうとの意見が大勢を占めた。信玄の合戦の様子などが描かれた『甲陽軍鑑《こうようぐんかん》』によれば、武田勝頼《かつより》以下、武田家重臣たちは攻撃の続行を主張したが、反対したのは他でもない、信玄であった。信玄は自らの戦術について、「勝利は五分《ごぶ》を上とし、七分を中とし、十分を下とす。五分は励《はげ》みを生じ、七分は怠《おこた》りを生じ、十分はおごりを生じる」と語っていたという。浜松城をこのまま攻め落とすことは容易だったが、信玄の信条がそうはさせなかったようだ。織田軍の新手《あらて》の援軍を警戒したとも考えられるし、一刻も早く信長の喉元《のどもと》に刃《やいば》を突きつけたいという気持ちがあったのかもしれない。

九死に一生を得た家康だったが、数カ月後にさらなる幸運を手にする。信玄が病死したのだ。信玄は「自分の死を三年間隠すように」と遺言していたが、訃報《ふほう》はまもなく近隣の武将に知れわたることになった。

この報せを受けて最も喜んだのが信長だったかもしれない。将軍である義昭の呼びかけによって構築された「信長包囲網」の最強の一角が崩れたのだから。もちろん、徳川家家臣も小躍りして喜んだ。しかし、家康は家臣たちを諌《いさ》めたという。

「信玄のような武勇の者はいない。いまは使者を遣《つか》わして喪《も》に服すようなことはしないが、彼の死を聞いて喜ぶべきではない。隣国に脅威があることは幸いだ。そのことで自国を安定させようと励むからである。強敵がいなくなったからといって気が緩《ゆる》むのは不幸なことだ。信玄の死は、決して喜ぶべきことではない」（『徳川実紀』）

家康の忠告を聞いて以降、信玄の死を喜ぶ発言する家臣はいなくなった。それどころか、家臣までもが「信玄の死は惜しむべき」などと語らい合った（『徳川実紀』）

のちに家康が信玄を手本として戦略を立てていたのは有名な話だが、信玄の攻撃によって命を危うくしたのは、つい数カ月前のことである。その恐怖はまだ生々しいものだった

三方ヶ原合戦を描く錦絵『元亀三年十二月味方ヶ原戰争之圖』

浜松城（愛知県
浜松市中区）

はずなのに、このときすでに、家康のなかでは敵どころか、まるで信玄を師匠のごとく考えていたようだ。

武田信玄、今川義元に敬意を表する

戦国最強と謳《うた》われた武田軍であったが、跡を継いだ勝頼は、偉大なる父・信玄を越えようと意気込んだ。領国の安全を優先させる、との父の遺訓に反して拡大路線を始めたのである。ところが、天正《てんしょう》三年（一五七五）の長篠《ながしの》の戦いで織田・徳川連合軍に大敗（「細川家文書」）。この戦いで信玄時代以来の有能な配下を数多く失い、ついには天正十年（一五八二）の天目山《てんもくざん》の戦いで武田家は滅んでしまった。

『常山紀談《じょうざんきだん》』によれば、勝頼の首を前にした織田信長は、足で蹴《け》り飛ばしたという。さらに、「お前の父である信玄は京を目指していたそうだな。よかろう、お前の首を京に送ってやる」と罵《ののし》り、勝頼の首は京でさらされることとなった。さんざん煮え湯を飲まされた敵の息子ということもあって、信長の怒りは激しかった。

煮え湯を飲まされたといえば、家康も同様だ。完膚《かんぷ》なきまで叩きのめされた三方ヶ原の戦いから十年も経《た》っていない。ところが、家康は信長とはまったく違い、勝頼の首に「若気のいたりで家や国を奪われ、気の毒なことでした」と労《ねぎら》いの声をかけたという。

信長は勝頼亡き後の甲斐国を家臣である河尻秀隆《かわじりひでたか》に治めさせた。秀隆は、それまで信玄の敷いてきた慣習や国法は一切無視して、強引な統治を行ったという。主家を失った武田家はしばらくおとなしくしていたものの、織田家に対する恨《うら》みが深々と募《つの》り、ついに反乱を起こした。このなかで秀隆は殺されてしまった。

一方、家康は武田家の旧領だった駿河を与えられた（『信長公記』）。信長から皆殺しの命を受けていたにもかかわらず、密かに武田家の遺臣を遠江に匿《かくま》い、家臣に組み入れていった。そうして、彼らから信玄のことを丹念に聞き、敵である信玄の経営哲学を学んでいったのである。落ちぶれたとはいえ、武田家はかつての名門。今後の自分に活かせる部分は余すところなく吸収しようという、指導者としての家康の貪欲《どんよく》な姿勢がかい間見える。

家康は信玄だけでなく、かつて自身を人質としていた今川義元にも敬意を払っている。家康は移動中に桶狭間に立ち寄ると、そこにある義元の墓前に手を合わせたという。また、家臣にも「ここを通るときは、同じように馬を下りて手を合わせよ」と命じた。いまの自分があるのは義元のおかげ。そんな気持ちがあったようだ。

ちなみに、領国を失った義元の子・氏真は北条氏のもとに身を寄せていたが、元亀二年

（一五七一）に家督を継いだ北条氏政が武田氏と和睦したことで放逐《ほうちく》され、行き場を失ってしまう。そんな氏真に救いの手を差し伸べたのも家康であった。家康は氏真に屋敷を与えたといわれている。東京都品川区にあるＪＲ大井町駅の北側が居館跡と比定されているが、当時をしのぶ遺構はない。

大勢の家臣に支えられた伊賀の山越え

天正十年（一五八二）五月、家康は信長の築いた安土《あづち》城（滋賀県近江八幡市）にいた。信長から旧武田領である駿河を拝領した御礼に訪れたのである（『信長公記』）。信長との関係性、家康の律義《りちぎ》さをうかがわせる行動だ。

　家康を迎えた信長は、その饗応《きょうおう》役を家臣の明智光秀《あけちみつひで》に命じている（『信長公記』）。上機嫌の信長は、自ら盆を持って家康を遇した。家康への厚遇ぶりはこれだけにとどまらず、京都や堺《さかい》見物を勧め、案内人までつけた。このとき、家康の上洛に同行したのが、信長の長子で後継者でもある信忠《のぶただ》であった。五月末には京都の清水寺《きよみずでら》（京都府京都市）の能興行を見物し、堺へと下っている。信長は堺の商人たちにも家康の接待を命じていたという。

　そんなひとときの休息を楽しんでいた家康のもとに突如届いた凶報が、本能寺の変であった。中国地方への出陣を命じられた光秀が、信長の宿所である本能寺（京都府京都市）を襲ったのだ。信長は炎に包まれながら自刃《じじん》。信忠も腹を切った（『兼見卿記《かねみきょうき》』『信長公記』）。

長年にわたる信長の同盟者であった家康も命を狙われる危険性がある。京や堺見物がおもな目的だったため供に連れているのは、本多忠勝、酒井忠次、井伊直政《いいなおまさ》、服部半蔵正成《はっとりはんぞうまさなり》など、わずか数十人であった。光秀の手の者に襲われたら、この少人数ではとても勝ち目はない。家康は「多大な恩のある信長の後を追い、京の知恩院で腹を切る」と覚悟を見せた（『徳川実紀』『石川忠総留書』『藩翰譜』）。家康の信仰する浄土宗の総本山である知恩院《ちおんいん》（京都府京都市）で自害しようというのである。これまた家康の忠義ぶりを示す逸話だが、これに待ったをかけたのが忠勝であった。

「ここで京に戻られて無駄死《むだじに》されるよりは、すみやかに本国（三河）に帰られて

本能寺跡（京都府京都市中京区）

軍勢を集められ明智を討つことこそ、信長公への御恩に報《むく》いる第一でありましょう」（『徳川実紀』）

この言葉に気を取り直した家康は、即座に三河に帰る決意を固めた。

家康は伊賀とゆかりの深い半蔵に命じて地元の土豪たちと交渉させ、三河への逃避行に協力させた（『寛政重修諸家譜』）。同行していた商人の茶屋四郎次郎《ちゃやしろうじろう》には、土豪たちを金で買収させた。そうして三河への最短距離となる伊賀の山越えを果たし、無事に本国へ戻ることができたのである（『家忠日記』）。途上で、同行していた武田家旧臣の穴山梅雪《あなやまばいせつ》は何者かに殺されている（『信長公記』）。家康自身も何度か身の危険を感じたはずである。

服部正成（『徳川二十将図』より／ColBase〈http://colbase.nich.go.jp〉）

第四章　忍耐で結束を固めた経営戦略

甲斐国の体制をそのままに支配下に組み込んだ

服部半蔵らの案内によって、からくも岡崎城に帰還した家康は、さっそく軍勢を整えて、信長の仇である明智光秀討伐に動いた。ところが、京に向かう途中の鳴海《なるみ》(愛知県名古屋市)まで兵を進めたところで、羽柴《はしば》(豊臣)秀吉より、「すでに平定したので帰陣されたし」との連絡を受け取った。秀吉は敵対する毛利家と対峙《たいじ》していた中国地方より驚異的な早さで京に戻り、光秀を討ったのである。いわゆる「中国大返し」だ。この報を受けた家康は、浜松へと引き返した(『家忠日記』)。しかし、ただ戻っただけではない。信長の死によって混乱にあった、甲斐、信濃《しなの》(現在の長野県)の計略に動いたのである。

実は、家康は京への出陣前に、こうなる事態を想定していたかのように、武田家遺臣の依田信蕃《よだのぶしげ》に甲斐と信濃に土着している武士たちに誘降を促すよう命じている。中央で信長亡き後の混乱が続いているなか、家康は自分がどういう動きを見せれば自身に優位に働くかを冷静に判断していたようだ。信長と家康の関係は主従ではなく、あくまで同盟関係であった。「織田家の混乱は、こちらには関係ない」と言い切れるほど非情ではなかっただろうが、徳川家の利益を考えた場合、織田家の混乱にまで付き合うのは得策ではないと考えたのだろう。今川氏の支配から独立した家康は、三河、遠江、そして駿河の三カ国を治める地位にまでのし上がっていた。同盟者として信長の「天下布武《てんかふぶ》」を間近に見ていた家康も、いつの頃からか「天下」という野心がちらつき始めていたのかもしれない。

信長の死によって権力の行き届かない空白地帯となった甲斐を狙うのは、家康だけではなかった。相模の北条氏政も、甲斐を我が物にしようと虎視眈々《こしたんたん》と狙っていた。

家康は甲斐に進軍しながらも、武田家旧臣らと戦うことをなるべく避け、徳川家への編入を呼びかけた。先述したが、「武田家旧臣は皆殺し」という方針を打ち出した信長と違い、家康は多くの武田家旧臣を匿《かくま》ってまで、その進退に配慮している。そうした姿勢が通じたのか、彼らは次々に家康のもとに集まってきた。

ここで特筆すべきは、家康が甲斐で敷かれていた武田流の支配体制をそのまま温存させたことである。

現代企業での合併《がっぺい》では、飲み込まれた方は、これまでのやり方を否定されることが多い。役職に就いていた者を解任したり、書類の形式や申請の仕方をガラリと変えたりすることはよくある。ところが、家康はいままでとやり方をまったく変えない合併を彼らに提示した。もちろん、徳川譜代の平岩親吉を甲斐郡代に置きはしたが、奉行として実際に甲斐国を取り仕切るのは、武田家旧臣である成瀬正一《なるせまさかず》らに任せたのである。武田家旧臣をそのまま登用することで、甲斐国の支配に大きな混乱は生じなかった。

一方で、同じく甲斐を狙っていた北条氏とは和睦し、家康は甲斐、信濃の大半を治めることに成功。織田氏の跡取りを決める天正十年（一五八二）に行われた清洲《きよす》会議や、秀吉が西国に勢力を伸ばそうとする時勢には一切目もくれず、自身の領国経営の安定と拡大を図り、地位を固めていったのである。それができたのも、無理やりに「徳川色」に染め上げることなく、武田家旧臣らを取り込む手法で対応したからといえる。信玄に対する畏敬《いけい》の念もあっただろうが、奪うだけ奪って力ずくで支配を進めようとするよりも、一歩も二歩も先を行っていた戦略とみることができる。

長久手の戦いで表彰すべき部下を見間違う

家康が自身の領土となった三河、遠江、駿河、甲斐、信濃といった五カ国の統治に力を注《そそ》いでいる頃、日本の中心である京や、その周辺では、信長亡き後の体制が徐々に固まりつつあった。信長が本能寺の変で倒れたと知るやいなや、合戦場であった備中高松《びっちゅうたかまつ》城（岡山県岡山市）から即座に京に戻り、反逆を起こした明智光秀を討ったのが羽柴（豊臣）秀吉なら、大徳寺《だいとくじ》（京都府京都市）で信長の葬儀を大々的に執《と》り行ったのも秀吉であった（『晴豊公記』）。これらのことから、信長の後継の座に最も近いのは秀吉と目されていた。一方、織田家家臣団の筆頭であった柴田勝家《しばたかついえ》は、信長の敵討《かたきう》ちを秀吉に先を越され、織田氏の跡取りを決める清洲会議でも、終始、秀吉にイニシアチブを取られる格好となり、形勢逆転は難しい状況にあった。

　そこで、秀吉に武力で対抗しようとして勝家が起こしたのが、天正十一年（一五八三）の賤ヶ岳《しずがたけ》の戦いであった。家康は勝家から味方するよう要請を受けたが、断っている。家康にも野心はあっただろうが、天下の趨勢《すうせい》はまだ様子見の段階であると踏んだのだろう。結局、この戦いは秀吉の勝利に終わった（「毛利家文書」）。家康は戦勝を祝して石川数正を派遣し、秀吉に贈り物を届けている。

　この頃までは、まだ秀吉は織田家を守《も》り立てるポーズを取っていた。ところが、秀吉が徐々に専横的になってきたのを感じ取った信長次男の信雄《のぶかつ》は、かつて父と同盟関係にあった家康を頼っている。信長の血縁である信雄からの依頼とあれば、家康も受けざるを得ない。こうして家康は、四国の長宗我部元親《ちょうそかべもとちか》や越中（現在の富山県）の佐々成政《さっさなりまさ》、紀州（現在の和歌山県と三重県南部の一部）の根来《ねごろ》衆や雑賀《さいか》衆らの協力を取りつけ、対秀吉の態勢を整えた。

こうして勃発したのが小牧《こまき》・長久手《ながくて》の戦いだ。天正十二年（一五八四）のことである。信雄は秀吉方であった家臣を殺害して、秀吉に対する敵意を表明（「吉村文書」）。家康とともに挙兵した。家康は小牧山（愛知県小牧市）を占拠。そこを本陣として秀吉らを迎え撃つ構えだ。

ところが、両軍お互いに攻めあぐね、そのほとんどの時間を睨《にら》み合いに終始した。膠《こう》着《ちゃく》状態を打ち破ろうと動いたのは、秀吉方の森長可《もりながよし》らだった。家康の本拠である三河に攻め入ろうと、兵を動かし始めたのである。隙《すき》をうかがっていた家康は、彼らを挟《はさ》み撃ちにして撃退した。これは小牧・長久手の戦いでも数少ない両軍の激突となった。長久手の戦いといわれている（『家忠日記』『三河物語』「皆川文書」）。

この戦いの折、家康の家臣である水野正重《みずのまさしげ》は、長可が銃撃で落馬したところを見て、真っ先に敵陣へと襲撃をかけた。長可の軍勢は総崩れとなり、池田恒興《いけだつねおき》の軍も敗走を強《し》いられた。

戦後、一部始終を見ていた家康は「この戦いの勝利の一番の立役者は大久保忠佐《おおくぼただすけ》である」と表彰した。家康は正重と忠佐を見間違えたのである。自分の手柄を忠佐に取られてしまった正重だったが、あえて黙っていた。正重の立てた武功を知っていた重臣の本多忠勝や酒井忠次も、どうしたものかと考えあぐねていた。それは忠佐も同じことだった。

家康は、この度の勝利があまりに嬉しかったのか、忠佐の軍功を重ねて褒《ほ》めたたえた。いてもたってもいられなくなった正重は、ついに家康に言った。

「大久保殿は別の地に陣を敷いておりました。あそこで攻め上ったのはそれがしでござる」

忠佐も他人の手柄を横取りするつもりはなかったので、正重の言葉に大きくうなずいた。誤りを知った家康は、正重に素直に詫《わ》びたという（『落穂集』）。

家康ほどの大人物でも間違いはある。黒を白に、白を黒に言い張る上司は、現代では事欠かないが、非を認め、部下に素直に謝罪することはなかなかできることではない。このような人間的な部分も、部下を惹《ひ》きつける家康の魅力の一つだった。

長久手の勝利にはやる部下を落ち着かせていた

小牧・長久手の戦いは家康方の勝利と見なされることもあるが、引き分けとするのが通説だ。局地戦というべき長久手の戦いでは徳川軍が勝ちを収めていたものの、羽柴（豊臣）秀吉が持ち込んだ講和条件は、織田信雄の領土である伊勢国の半分を秀吉に割譲する上、

『小牧長久手合戦図屏風』（犬山城白帝文庫蔵）

人質の提出まで求められるものだった。一方の秀吉には、領地の割譲も人質の提出もない。森長可、池田恒興といった秀吉方の名立たる武将を討ち取り、死傷者は家康方の約四倍ともいわれているが、それらはあくまで長久手の戦いにおける戦果で、合戦全体で考えると引き分けと考えるのがよさそうだ。むしろ、家康方の敗北だったと見る向きもある。

いずれにせよ、家康は自領の五カ国の守りを固めることこそ急務と考え、天下獲《と》りなど、まだ先の話と捉《とら》えていたようだ。

恒興や長可を失った秀吉軍を見て、家康は「さぞかし狼狽《ろうばい》していることだろう」と笑ったという。これを聞いた榊原康政は、「いまこそ秀吉を討ち取る機会です」と追い打ちをかけるよう進言したが、家康は「勝ちに勝ちを重ねてはならない」と諭している（『徳川実紀』）。

後日、敵陣を偵察した康政は、敵兵が疲労でぐっすり眠り込んでいるはずだとして、夜襲を提案しても、家康は首を縦に振らなかった。家康は理由をこう語っている。

「お前たちが夜襲を仕掛けるといったのは、秀吉を討ち取るという意味ではあるまい。敵を皆殺しにしても、秀吉を討つことができなければ意味はない。私は恒興や長可を討ったのも、どちらか一人でよかったと思っているほどなのだ」（『徳川実紀』）

榊原康政（ColBase〈http://colbase.nich.go.jp/〉）

また、こんな話も伝わっている。

戦勝に沸く自陣において、一人、浮かない顔をしていた者がいた。高井実重という者で、彼は、長きにわたって今川家の家臣だった人物だ。実重の父は、今川義元が織田信長によって討たれた桶狭間の戦いの際に討死している。実重は父の志を受け継ぎ、義元の跡を継いだ氏真のもとで今川家再興を夢見て励んでいた武将である。ところが、のちに氏真から推挙されて徳川家の家臣となった。

ふと家康が見ると、実重は涙を流している。実重は、他の諸将が皆、手柄を立てているのに、自分がこれといった武功を立てることなく勝利に沸く輪のなかにいる自分を恥じて涙していたのだった。

「お前は前の主人である氏真に尽くした忠義の篤い男だ。その忠節は今日の合戦で首をあげることよりもはるかに優れている。嘆くことはない」

家康はそういって、実重を励ました（『徳川実紀』）。これを聞いた家臣たちは、たった一日の合戦で活躍した手柄を誇るよりも、武士としてどれだけまっすぐに生きたか、その生き方を誇りにしようと思い直したという。

勝利に対して謙虚なのは、家康の信条といえそうだ。勝利にはやる部下たちはそうではない。時の流れを冷静に見極め、勢いのままに突き進もうとする部下を落ち着かせるのも、リーダーの務めといえる。

古参の重臣の裏切りに対して素早く対応した

小牧・長久手の戦いは、羽柴（豊臣）秀吉が講和に動いたことで休戦となった。戦う大義名分を失った家康は、そのまま陣を引いている。その後、秀吉はますます勢力を拡大。家康が対秀吉に協力を要請していた四国の長宗我部元親や越中の佐々成政、紀州の根来衆や雑賀衆を次々に撃破した。これを受け、全国の武将が続々と上洛して秀吉への臣従《しんじゅう》を選んだ。家康は徐々に孤立する形となった。秀吉から上洛命令が何度も来ていたが、家康は無視を続けた（『家忠日記』『徳川実紀』）。もちろん、敵対する意思はない。その証拠に次男の於義丸《おぎまる》（後の結城秀康《ゆうきひでやす》）をすでに人質に差し出している（『家忠日記』『徳川幕府家譜』）。名目としては養子だが、人質も同然である。つまり、秀吉と戦うつもりはないが、下につくつもりもない、という姿勢を明らかにしていた。

たび重なる秀吉からの要請を前に、家康は家臣を呼び集めて会議を催《もよお》した。秀吉からは「新たな人質を差し出すように」としつこく言われていたために、家臣らの怒りも頂点に

結城秀康石像（福井城址／福井県福井市）

達していた。家臣の大勢は、あくまで秀吉には服従せず、という強硬論をとっていた。

ところが、酒井忠次に並ぶ家康の右腕となっていた重臣・石川数正は違った。彼は秀吉方との交渉役を務めており、秀吉の人柄や時勢などを見据えた上で、「秀吉の要請通りに上洛した方がいい」と主張した。

数正は秀吉の天下は揺るがないと見ていた。血気にはやっていた家中は、いかに重臣とはいえ、数正の意見に驚きを隠さなかった。なかには、数正を裏切り者扱いする者もいたようだ。

天正十三年（一五八五）の暮れ、数正は妻子を連れて秀吉のもとへ出奔《しゅっぽん》する（『家忠日記』『三河物語』）。『徳川実紀』によれば、数正は秀吉に騙《だま》されて出奔したことになっている。『当代記』では、秀吉に三男が人質に取られていたとする。どんな理由があって数正が家康のもとを離れたのか、よくわかっていない。数正は今川氏の人質となっていた家康の供をした頃から、ずっと仕えてきた古参の家臣である。家康のことは何でも知っていた上、家臣団についても熟知していた。

数正出奔の情報は瞬《また》く間に家中に広がった。数正の動きに呼応するようにして、三河の武将が何名か、同じように秀吉のもとへ奔《はし》っている。家康は家臣に動揺しないよう指示し(『家忠日記』)、城の守りを固めた。徳川家の内情を誰よりも知る数正が敵の手に落ちたのだから、これは当然の策だが、家臣に指示を出しながら家康は屈辱的《くつじょくてき》な思いに駆られていたはずだ。秀吉による家康を孤立させる戦略は、元親や成政らを屈服させるといった外堀だけでなく、自分の足元の家臣にまで手が及んでいたのである。家康は秀吉の恐ろしさを心底思い知ったに違いない。

城の守りを固めるだけでは不十分だ。家康は三河にいる婦女子を遠江へ移し、その城代に本多重次を任命した。重次は家臣のなかでも、数正と仲のよかったことで知られる。重次は数正が出奔したことを知ると、いち早く岡崎城に駆けつけていた。家康は、そんな重次に城を警備させることで、余計な噂が出回ることを防いだ。また、数正が徳川家の軍事機密を秀吉に漏《も》らすとすれば、城代を務めていた岡崎城の内情が真っ先に疑われる。そこで、岡崎城の修繕も同時に行うなど、秀吉に攻め入られることを想定した、あらゆる対策を講じたのだ。

最も大きな変更は軍制の切り替えである。家康は鳥居元忠に命じ、武田信玄の代に記された軍法書やその頃に使用された武器類を集めさせた。そして、武田家旧臣の者を呼び出して信玄の時代に行われた業務を次々に取り入れることで、軍制を徳川流から武田流に切り替えている（『徳川実紀』『駿河土産』）。

こうして、数正によって漏らされるかもしれない家中の軍事機密に対応した上で、さらに家康は「数正は家康のスパイである」という噂も流している。これによって、出奔した当初の数正は、しばらく軟禁状態にあったといわれている。もし何か機密を漏らしたとしても、その情報が本当に正しいかどうか、秀吉方の家臣らも慎重にならざるを得ないようにしたのである。

これまでずっと右腕として働いていた忠臣が、よりにもよって秀吉のもとに奔ってしまったのは、家康にとってこの上ない痛恨事だったといえる。それでも動揺を抑え、家臣らに適切な指示を下しているのは、家康が徳川家という五カ国を治める組織の指導者としての自覚と覚悟があったからに他ならない。

再三の要請に従い、秀吉との和睦を決意する

徳川家の重臣を籠絡《ろうらく》した秀吉だったが、家康に対し軍事行動に出ることはなかった。秀吉はどうしても家康を自らの配下に組み入れたかったようである。そこで、秀吉が取った策は、自分の妹を家康に嫁《とつ》がせるという奇策であった。

当時、家康には正室がいなかった。織田信長が生きていた頃、正室であった築山殿は、信長に対し謀反《むほん》を企《たくら》んでいるという嫌疑をかけられ、その折に息子の信康とともに処刑している。

ここに目をつけた秀吉は、天正十四年（一五八六）、異父妹の朝日姫《あさひひめ》をわざわざ離縁させ、家康のもとに送りつけてきた（『家忠日記』）。秀吉から見れば、家康に妹を人質に出したのと同じである。秀吉の身内を嫁としたからには、両者は親戚関係になったということになる。しかし、それでも家康は動かなかった。秀吉の再三にわたる上洛の要請を無視し続けていた。

秀吉の打つ手は、もうほとんどなくなっていた。かくなる上は軍事行動しかない。しか

し、もし一戦を交《まじ》えたとして、勝っても相当な痛手を被るのは必定《ひつじょう》だ。そこで秀吉が最後に打った手は、さらなる奇策だった。何と、秀吉の母である大政所《おおまんどころ》を家康のもとへ送り届けたのである。病弱な朝日姫の面倒を見る、という名目であった。

大政所と対面した朝日姫は、抱き合って喜んだようだ。この様子を見て、家康は考えを改めた。実は、さすがの秀吉でも自分の妹を人質に差し出すようなことはすまいと、朝日姫は偽者《にせもの》と疑っていたのである。二人の様子を見て、家康と家臣たちの疑念は払拭《ふっしょく》された。そして、ここまでされて初めて、家康は心を動かされたのである。

「一概に固辞するのもあまりに情がない」

家康の心変わりを見た酒井忠次ら重臣は、上洛に反対の姿勢を表明した。

「秀吉の心中を推《お》し量《はか》ることはできません。御上洛されることはよいこととは思われません。もし秀吉が怒って大軍で攻めてきたとしても、上方《かみがた》勢（京にいる秀吉のこと）の実力は長久手の合戦で見極めたので、恐れることはありません」

家臣の言うことはもっともだ。

しかし、家康は長らく続いた戦乱の日々がようやく収まりつつあり、ここで秀吉との合戦を繰り広げれば、苦しむのは民衆である、と家臣らに話し、ついに上洛を決意した（『三

豊國神社内に立つ豊臣秀吉像（大阪府大阪市中央区）

河物語』)。家よりも天下を慮《おもんぱか》っての決断。この言葉を聞いた家臣らは、ますますその結束を固くしたという。

家康は上洛する間、留守を任せる者にこう伝えた。

「もし京で私の身に何かあったら、大政所や朝日姫は京に返しなさい。この人たちはもとより関係がない。家康が夫人を人質に取ったなどと人々に嘲笑《ちょうしょう》されるのは末代までの恥《ち》辱《じょく》である」(『徳川実紀』)。

あくまで正々堂々を貫く家康らしい配慮である。

朝日姫と大政所に家臣たちが打った芝居

岡崎城の留守を任されていた家臣らは、家康が秀吉に臣従するべく京に向かっている間、どうしていたか。

実は、主君を思うあまりに「もし私の身に何かあったら二人は京に返しなさい」という家康の命令とは別の行動を取っていた者がいる。本多重次である。重次は朝日姫と大政所の宿舎のまわりにうず高く薪《まき》を積み上げた。不審に思った井伊直政が尋ねると、「京にいる殿の身に何かあったら、薪に火をつけて、二人を焼き殺すためだ」と答えた。それも、宿舎内に聞こえるような大声だったため、二人は震《ふる》え上がったという。京へと上った家康が秀吉に殺されるかもしれないという緊迫感があったため、重次の行動を支持する家臣は多かった。

一方で、直政は逆に二人に優しく接した。折を見ては二人の宿舎を訪ね、「何か不自由にしていることはありませんか」と気づかう様子を見せた。重次のような断固とした姿勢に同調していた他の家臣は直政の行動に不満を持ち、「なぜ敵に等しいあの二人に、そんな優しい振る舞いをするのか」と糾弾《きゅうだん》する家臣も現れた。すると、直政は笑いながらこう答えたと伝わっている。

「いざとなれば、あの二人は私が直接刺し殺す。その際に侍女と間違えることのないよう、二人の顔を覚えておくために毎日通っているのだ」

主君の家康が不在の間にも、家臣は有事に備えて準備を怠《おこた》らずにいたのだ。家康は岡崎城に帰着した際、大政所を秀吉のもとへ返すよう指示（『家忠日記』『当代記』）しているが、このとき、護衛役に名乗り出たのも重次だった。大政所の怯《おび》えようを見て、家康は大政所が懐《なつ》いているように見えた直政に、その役を変えた。

「母から一切を聞いた。重次は許せないが、お前には大変世話になったそうだ。礼として、羽柴姓を下賜《かし》しよう」

大政所を無事に送り届けた直政は、秀吉から好待遇を受けたが、丁寧に断ったという。

なお、朝日姫は京へと戻った大政所が病気になったと聞いて見舞いのために上洛し、そのまま家康のもとに戻ることなく、天正十八年（一五九〇）に病死したという。駿府の瑞龍寺《ずいりゅうじ》（静岡県静岡市）に、家康が建立《こんりゅう》した朝日姫の供養塔が残されている。

「ケチ」で知られる家康が秀吉に自慢した宝とは？

大坂から浜松に戻った家康は、前々から計画していた駿府城（静岡県静岡市）への移転を行った（『家忠日記』）。家康は秀吉の家臣としてたびたび上洛して政権への協力を行う一方、自身の領土である五カ国の経営にも余念がなかった。その本拠地としたのが、駿府城だったのである。

あるとき、秀吉は諸大名に家宝を持ち寄らせ、品評会を行っている。さすがに一国を束《たば》ねる各大名の愛蔵するものは、茶器や太刀など、自慢するのにふさわしいものばかりだった。

座がひとしきり盛り上がるなか、家康は一人押し黙っていた。秀吉は家康に尋ねる。

駿府城跡中濠（静岡県静岡市）

「私は天下の宝という宝はすべて手に入れた。さて、徳川殿はどんな宝をお持ちかな？」

秀吉の国家経営は、まさにバラまき主義という言葉にふさわしい放漫経営であった。何か功を立てれば惜しげもなく金銀財宝を分け与えた。当然、それを喜ぶ家臣は多い。それどころか、そんな秀吉を見習って、家臣である各大名も贅沢《ぜいたく》にふけるようになっていた。民政などそっちのけ、という大名も少なくなかった。

そんななかにあって、家康の経営は堅実そのものであった。今風にいえば、「ケチ」という言葉が似合うほど、贅沢は家康の辞書にはなかった。家康が今川氏の人質となっていた時代に、所領で取れる年貢米の大部分は今川家に差し出さなければならなかったことから、三河武士たちは相当な貧乏暮らしを強いられている。そんな家臣たちの苦労を知っている家康は質素倹約という精神が自然と身についていたのである。その経営は農民たちの生活水準に合わせたもの。他の大名から軽蔑《けいべつ》されることもあるほどの徹底した「ケチ」ぶりであった。

そんな家康に、諸大名のような高価な家宝があるはずもなかった。そこで、秀吉からの問いに、家康はこう答えたのである。

「私は三河の田舎《いなか》育ちですから、殿下にお見せできるような宝はありません。ただし、私のために火のなかであろうが、水のなかであろうが、命を惜しまず飛び込む家臣が五百人ほどおります。これは私にとって、何にも替えがたい宝でございます」（『名将言行録』）

これを聞いた秀吉は赤面したと伝わっている。家康は何も秀吉や諸大名に恥をかかせようと思ったわけではあるまい。これこそ、本心からの家康の言葉だったのだ。

前例のない一人だけの町奉行に板倉勝重を任命

駿府城に移った家康は、ここでも奉行職を設置している。任命したのは板倉勝重《いたくらかつしげ》である。勝重の家系は、祖父である頼重《よりしげ》の代から徳川家の前身である松平家の分家に当たる深溝《ふこうず》松平家に仕えている。勝重は生まれてまもなくして出家し僧侶となっていたが、父である好重《よししげ》と、跡継ぎの定重《さだしげ》が戦死したため、徳川に忠誠心の篤い板倉家をこのまま途絶えさせるのは惜しいと、家康が還俗《げんぞく》（僧侶から俗人に戻ること）させて家臣とした（『寛政重修諸家譜』）。

先述したように、家康は住民の目が届く役職には複数名を当てている。お互いに切磋琢《せっさたく》磨《ま》させるためだ。ところが、駿府町奉行に任じたのはただ一人、勝重のみだった。一人だけの任命は前例がなかったが、家康は勝重なら一人で担当できると見たのである。

板倉勝重（長圓寺蔵）

代々徳川家に忠誠心が篤いというだけで、勝重は家康の期待通りに働ける人物だったのだろうか。

『名将言行録』によれば、勝重は何度か「検視」を行っていた。これは、死んだ者の傷を見て、どのような死に方をしたのか見分ける役である。たとえば、刀による切り傷が生きているときのものなのか、死後につけられたものなのかを一瞥《いちべつ》して見分けることができた。焼死体を見れば、焼け死んだものなのか、死んだ後に火中に入れられたものかがわかる。ようするに、勝重は首を見て、合戦で獲った首なのか、その辺に落ちていた死体から悠々と切り取ってきたものなのかがわかるということだった。家康は、若い頃からこうした才能を発揮していた勝重に目をつけていた。そこで、駿府町奉行に任命したのである。

勝重は任が重すぎると感じて、一度は辞退している。しかし、家康の命だ。「いやだからやらない」というわけにはいかない。周囲の諫《いさ》めもあり、勝重は「妻に相談してからお返事いたします」と言って、帰っていった。

家で勝重を出迎えた妻は、「喜ばしいことがあったと聞いております。何があったのですか？」と聞いてくる。勝重は駿府町奉行に任じられたが、答えを保留にしたことを伝えた上で妻に尋ねた。

「どう思う？」

驚いた妻は答えた。

「妻である私に、務まるか、務まらないかはわかりません。どうぞ、ご自分のご意思でお決めください」

「いや、違う。この役職が務まるかどうかは、お前の心一つにかかっている。古くから、奉行というものを務める者は身を滅ぼす者が多い。その原因は妻であることがほとんどだ。たとえば、賄賂《わいろ》を持って奉行に直接ではなく、妻に接近し、裁判を有利に運んでもらおうとする輩《やから》がいる。これを受け取った妻が、奉行職にある夫にあれこれと差し出がましい口をきいてくるようになるのだ。つまり、この奉行が務まるかどうかは、妻であるお前にかかっている。だから、妻に相談すると返答したのだ」

妻は神妙な面持《おもも》ちで「お言葉を守ります」と勝重に誓った。

城へ戻ると、家康が勝重の返事を待っていた。

「勝重、女房は何と申した？」

「謹《つつし》んでお引き受けするように、といわれました」

これを聞いて、家康は満足げにうなずいたという。家康は、この慎重すぎるほど慎重な勝重だからこそ、一人での奉行職を任じたのだろう。適材適所を絶妙に心得ている家康の人を見る目は間違いなかったが、それでも無理強いすることなく、部下が納得いく結論を出すまでおとなしくじっと待ったのである。ちなみに、この話はのちに勝重が京都所司代に任じられたときの逸話とする説もある。

自ら敵情視察を兼ねた北条氏政との会談

家康は名より実を取ることを重んじた。プライドの塊《かたまり》のような武将にしても、現代のビジネスマンにしても、多くの人は逆を選ぶ。ことさら自分を大きく見せたり、相手や自分の肩書にこだわったりする。

秀吉の家臣となった家康だったが、臣従のための儀式めいたものをすませると、すぐさま自国に戻り、領地経営に専念している。家康を家臣にして背後の憂《うれ》いのなくなった秀吉が四国攻め、九州攻めなど、着々と西日本の地固めを進めるなか、家康は秀吉に認められた五カ国の領土の結束を固め、経営を安定させるべく努《つと》めたのである。

家康の領土から西はほとんど秀吉が支配するような勢いだったが、東は違った。関東一円を長きにわたって支配し続けていた相模の北条氏がいた。北条氏とは、織田信長が命を落とした本能寺の変の直後に対立した際、家康は娘を嫁がせることで和睦していた（『家忠日記』）。

この北条家が伊豆《いず》の三島《みしま》に参詣《さんけい》することを聞いた家康は、さっそく使者を派遣して、面会したいと伝えた。

北条家当主の氏政からの回答はこうだ。

「それはよい。ただし、家康が黄瀬川《きせがわ》を越えて、こちらに参られよ」

これを聞いた酒井忠次は憤激した。

「このような誘いに乗ることはありません。言う通りに川を越えてお出かけになれば、北条の家臣になったのだ、と世間に噂されます」

家康に思いとどまるよう進言した。

幼少期を今川氏の人質として過ごしていた家康にとって、そうした世間の噂などは、まったく気にならなかった。家康は忠次に説《と》いた。

「武田信玄と上杉謙信は、十五年間戦い続けていた。その間に織田信長公が京に攻め上り、大国の主となった。もし信玄と謙信が争いをやめて手を組み、信長公と私に襲いかかってきたら、ひとたまり

北条氏政（東京大学史料編纂所蔵模写）

もなかった。彼らがお互いの戦いに多くの歳月を費やしているうちに、他人が偉業を成し遂げてしまったのだ。氏政が本心で私に接するからには、どうしてその下に立つことを厭《いと》うことがあろうか。天下統一の後に、徳川、北条のいずれが上につくか、下に立つか、話し合えばよい。いまの地位を争うことは無用である」

こうして、北条氏と家康らの会見が行われることになった。家臣らの懸念が的中し、氏政らは上座、家康らは下座に座らされたが、特に問題が生じることもなく、会見は京の事情を話すなどして、両家はますます強く結ばれることとなった（『徳川実紀』）。

帰途についた家康は、本多正信にこう告げたという。

「北条はもう終わりだ。まもなく滅びるだろう。重臣の松田憲秀《まつだのりひで》や北条氏照《ほうじょううじてる》の態度を見ていればわかる。憲秀はもちろんのこと、氏政が引退し、その子である氏直《うじなお》の時代になったら、氏照はその新しい当主を軽んじて、国政を我がものにするだろう」（『徳川実紀』『紀伊国物語』）

家臣らの言を守って氏政との会見を拒《こば》んでいたら、このような推察はできなかった。家康は自分が下に見られることなど意に介さないばかりか、このような冷静な分析まで行っている。いわば敵情視察だ。当初からそのような狙いがあったかどうかはわからない。しかし、秀吉が西日本の計略を進める一方、家康は東日本を睨《にら》み始めていた。そうであるなら、目先のプライドに左右されていては、やがて敵となるかもしれない北条家の内情を知ることはできなかった。家康は名より実を取ったのである。

秀吉と家康の人心掌握術の決定的な違い

豊臣秀吉の天下取りが目前となった天正十六年（一五八八）、西日本は九州まで秀吉の家臣となり、残るは関東を治める北条氏、奥羽《おうう》に勢力を誇る伊達《だて》氏を従えるのみとなった。

秀吉から北条氏を説得するよう依頼されていた家康は、同年五月二十一日付で北条氏政・氏直父子に起請文《きしょうもん》を送付するなどして秀吉のもとに出仕するよう促した。それがかなわないのならば、氏政の次男である氏直に嫁がせた娘の督姫《とくひめ》と離縁してほしい、と付け加えている（「鰐淵寺文書《がくえんじ》」）。北条氏と縁戚関係にあった家康は、事態を好転させる存在と秀吉から期待されていた。と同時に、疑いの目を向けられてもいたため、このような強硬な内容になったのだろう。

しかし、氏政らの考えは、秀吉を戦国の世の新参者と侮《あなど》るようなものだった。北条氏はおよそ百年の間、関東を支配し続けてきた名門。その誇りがあったからだろう。さらにいえば、縁戚関係にある家康が味方なのだから、いざとなれば和議を結ぶことは容易と考えていたのかもしれない。

秀吉からの上洛要請に応じないのはかつての家康も同じであるが、時期が悪かった。このときの秀吉は、天皇の政務を代行する官職「関白《かんぱく》」に就いており、全国の武将に「断りなく勝手に合戦を行ってはならない」と命令を出すほどの人物になっていた。

親戚関係にある家康の説得にも応じないとなれば、もはや議論の余地はない。秀吉は北条氏を武力で制圧することを決定。全国の武将に北条氏の居城である小田原城（神奈川県小田原市）攻めに参戦するよう呼びかけた。秀吉のもとには、二十万もの軍勢が集まったという。

奥羽の武将らも次々に小田原に参陣。逡巡《しゅんじゅん》していた伊達政宗《まさむね》も、小田原に馳《は》せ参じた（『伊達治家記録《ちかきろく》』）。しかも、秀吉が先鋒《せんぽう》に立てたのは家康だった。北条氏は頼みの綱を失った上、全国の武将を敵にまわしたことになる。小田原城内では延々と会議が開かれた。いつまでも結論の出ない、ただ長いだけの会議。現在でもこれを「小田原評定《ひょうじょう》」というのは、有名である。

小田原城は、あの上杉謙信や武田信玄すら退けた堅城だ。氏政は、こうした小田原城の

秀吉が本陣とした石垣山山頂から望む小田原城方面（神奈川県小田原市）

高い防御力を過信していたのだろう。さらに、秀吉が中央でどれほどの権力者となっているかを見誤っていた。

大軍勢となった秀吉軍は、周囲にある城を攻め落とした上で、小田原城を取り囲んだ（『家忠日記』）。海から陸から、名立たる武将が勢揃いし、逃げ出す隙間《すきま》はまったくなかった。対する北条氏は籠城の構えである。戦局は睨み合いの続く状態となった。

特に大きな合戦があるわけでもなく、ただただ動きがあるのを待つしかない。この状況に、秀吉の軍勢のなかには、田畑を耕し、野菜を育てる者まで現れた。秀吉は、そんな働き者を見れば褒美《ほうび》に金子《きんす》を与えた。また、北条家を内部から崩そうと、城内の者に金をちらつかせて寝返るよう促した。時が経《た》つにつれ、秀吉の誘いに応じる者も徐々に出始めた。秀吉らしい戦略である。

これと対照的な人心掌握術を持っているのが家康だ。小田原攻めの直前に、家康は甲斐の武将である小宮山昌吉を長柄《ながえ》奉行に任命している。昌吉の兄・友信は、武田勝頼の最期を見届けた後に討死《うちじに》している。友信には子どもがいなかったので、家康はその跡を継がせただけでなく、長柄の奉行に任じたのだ。家康は昌吉に言った。

「今回の任命は昌吉の功労によるものだと思ってはいけない」

そのことを誰よりも知っているのは昌吉自身だ。兄の忠義に対する評価が、大役の拝命に繋がった。そのような機会を与えてくれた家康に対し、昌吉はますます忠義を尽くすことを誓ったという。

さらに、この話を聞いた他の家臣たちも、

「忠義を尽くせば、死後も称賛を受けられるのだ」

と家康の采配に感じ入ったという。

秀吉は金で家臣の心をつかんだが、一概にこれを悪いとはいえない。「買収」といってしまえば汚《けが》れたもののように思えるが、いまの感覚でいえば「よい暮らしをするため、給料の高いここでずっと働こう」と思わせるのに高給を与えるのも、一つの考え方だ。家康の場合は、いわゆる愛社精神を植えつけた。金のためでなく、「この人やこの組織のために働こう」という気持ちを芽生えさせたのだ。

両者の違いは、二人の晩年のあり方にも繋がっていくことになる。

何度もあった「秀吉暗殺」の機会を見送る

小田原攻めは、秀吉の天下統一に王手をかけるものであった。

これに焦《あせ》りを感じたのが、織田信長の息子である織田信雄だ。信雄は「いまこそ、北条氏と手を組み、挟み撃ちにして秀吉を討ち果たそう」と家康に持ちかけてきた。いかにかつての同盟者である信長の子の信雄とはいえ、小牧・長久手の戦いの際、自分に無断で秀吉と和睦を果たしたという苦《にが》い過去がある。家康はやんわりと断った。

「秀吉は私を信じているからこそ、私の領内をも気を許して通行していくのです。裏切って信義を失うことなどできません」(『徳川実紀』)

家康を天下人にしたいと願う気持ちは徳川家家臣も同じである。

小田原では、秀吉がわずか十四、五騎ばかりでいることがあった。秀吉はすでに関白という地位にあり、いつも大勢の取り巻きがいた。襲撃するには絶好の好機と見た井伊直政は、「いまこそ、秀吉を討つべきときでありましょう」と家康に進言した。

家康は直政にこう諭した。

「秀吉は、私を信頼してやってきたのに、籠の中の鳥を殺すような酷《ひど》いことはしないものだ。天下を治めるのは運命によってであり、人間の英知の及ぶところではない」(『徳川実紀』)

この頃の家康が天下を見据えていたのは間違いない。しかし、世の情勢は秀吉に傾いている。すでに武力で制圧する時代ではなく、政治上のさまざまな要件を満たさなければ天下人にはなれない。家康はそう直感していたのかもしれない。

いずれにせよ、殺すだけならいつでもできたが、家康は見送った。信長とも秀吉とも違う、家康なりの天下人像が胸の内にあり、その理想とする姿が、短絡的な行動を許さなかったのだろう。

家臣団のさらなる結束を図った「関東移封」

小田原攻めは北条氏直の投降により、秀吉軍の勝利に終わった。氏直は自身の命と引き換えに城兵らの助命を嘆願したが、秀吉は氏直の代わりに、戦争を主導した氏直の父である氏政や叔父の氏照に切腹を命じるという処分を下した（『家忠日記』「小早川家文書」）。氏直は高野山《こうやさん》に追放され、その結果、関東の名門・北条氏は滅亡する。

小田原城開城の少し前、家康は秀吉から、戦後に北条氏の領土である関東に移封することを伝えられたらしい（『聞見集』『天正日記』）。

先祖代々、守ってきた三河はもちろんのこと、遠江、甲斐、信濃、駿河といった、苦労して切り取り、統治してきた領土が、これで召し上げになってしまった。どうやら家康にとって寝耳に水の話だったようだ。というのも、小田原攻めの最中は、五カ国に追加して、せいぜい伊豆《いず》（現在の静岡県伊豆半島、東京都伊豆諸島）が加増されるぐらいの論功行賞であろうという見通しが、家康にも徳川家家臣にもあったようだ（「星谷文書」）。居城を浜松城から駿府城に移してまだ四年ばかり、ということもあり、家中には衝撃と動揺が走った。移封そのものを断ってしまえばいい、と怒りの声を上げる者もいた。しかし、いまの秀吉の意向に背《そむ》くことは、北条氏と同じ道をたどることになってしまう。家康はおとなしく決定に従った。

関東移封には問題が山積みだった。関東は北条氏のもとによく統制が取れており、それぞれの武将の独立性が高かった。彼らが新しい領主に対して、どのような反抗的な態度に出てくるかわからない。京からさらに離れる上、これまで治めてきた五カ国と違い、関東は生産性も低く、インフラすらまともに整っていなかった。そこで、家康は事前に大久保忠行《ただゆき》をいち早く江戸に派遣し、上下水道工事に着手するよう命じている。

関東移封の論功行賞が正式に発表された後、一月《ひとつき》も経たないうちに、家康は江戸に移った(『三河物語』)。そして、これまで治めてきた五カ国を秀吉にあっさり返上したのである(『徳川実紀』)。

あまりの早さに秀吉は舌を巻いた(『徳川実紀』)。我が命を忠実にこなしただけとはいえ、やはり家康は只者《ただもの》ではないと、驚嘆したに違いない。

小田原城も候補にあったようだが、国替《くにが》えとなった領地で家康が居城に選んだのは江戸城だった。江戸城は長禄《ちょうろく》元年(一四五七)年に太田道灌《おおたどうかん》が築いている(『永享記』)。広くはあったが古色蒼然《こしょくそうぜん》としており、あまりに粗末なありさまに、本多正信は「客人も来るのだから、せめて玄関は改築なさるべきではないですか」と訴えたが、家康は「また、そんな立派だてを申す」と笑って、改築しなかったという(『落穂集《おちぼしゅう》』)。

新たな領地で、新たな一歩を踏み出すとの意気を込めて家康は、そろいの白帷子《しろかたびら》を家臣らに着せたという話も伝わっている。

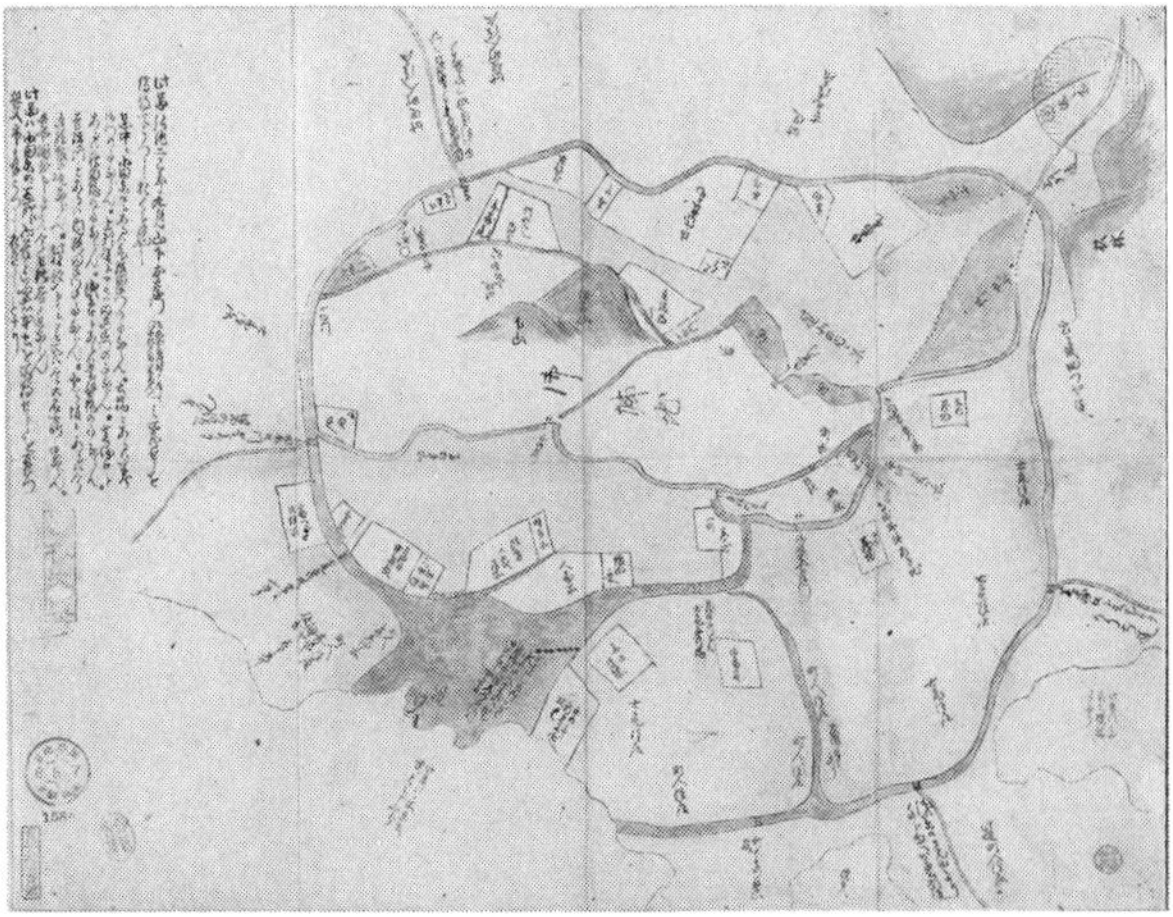

近世に入ってから最初の江戸図。地図中の人名およびこの入り江が慶長8年（1603）に埋め立てられているため、慶長7年頃の図ではないかと推定されている。慶長7年は家康が江戸入りして12年後、江戸幕府を開く1年前である。描かれる範囲は江戸城内濠周辺で、左側下方の陸地に海が入り込んだ部分（いわゆる日比谷入江）は、現在の皇居前広場から新橋駅付近とされる（『別本慶長江戸図』東京都立中央図書館蔵）

＊図版は「歴史REAL」『大江戸の都市力』（洋泉社）を参照にした

この関東移封は、秀吉政権においては左遷《させん》に等しいものといわれている。家康は最低限のインフラを整え、怒りの声を上げる家臣らをなだめ、結束を固めるきっかけにした。一説によれば、家康は「たとえ奥州でも、百万石の加増があれば、それで天下が取れる」と豪語したという。なお、関東での家康の領地は、およそ二百四十万石だったとされる。

第五章　一大名から天下人への歩み

「関東入府」の際に担いだ縁起とは

豊臣秀吉により関東移転を命じられた家康だったが、家臣たちにはどうしても怒りを禁じ得ない一つの噂があった。

「新《あらた》に主をかへば必《かならず》一揆蜂起《ほうき》すべし。土地不案内にて一揆を征せんには必敗べきなり」(『徳川実紀』)

つまり、秀吉は土地勘のない家康が関東に入れば、必ず反乱が起こり、そして負けるだろうとの思惑《おもわく》のもと、この人事を決めたというのだ。

家臣の怒りももっともである。しかし、家康が同じように噂を真《ま》に受けてしまっては、秀吉の策略にまんまと乗ってしまう。実は、織田信長の息子である信雄は、家康が苦労して治めた駿河・遠江・三河・甲斐・信濃の五カ国を与えられることとなっていた。信雄も家康と同じように、先祖伝来の尾張を接収される代わりに、これらの土地を譲られる話だったが、信雄は昔からの本領である尾張にこだわり、秀吉からの提案を断った。これが秀吉の逆鱗《げきりん》に触れ、信雄は五カ国どころか、領地を召し上げられてしまったのである。

かつての主君だった信長の息子にまで、秀吉は強権を発動するようになった。いまの秀

現在の皇居前広場に日比谷入海があった（環境省ホームページhttpswww.env.go.jp）

吉に逆らうのは危ない橋を渡るのと同じだ。家康は家臣らの不満をどうにか最小限に抑え、関東に入る必要があった。

そこで家康が行ったことが、縁起を担ぐことだった。家康が江戸城に入ったとされる天正十八年（一五九〇）八月一日（『徳川実紀』『天正日記』）は、「八朔《はっさく》」といって好日であった。新穀《しんこく》の初穂《はつほ》を田の神に供える儀式が転じて「田が実る」「たのむ」となり、農民の間で吉日とされていた。それが農民だけでなく、武士の間でも家臣から主君に対して贈り物をし、主君も返礼品を下賜《かし》する日になった。この習慣は鎌倉時代中期頃から続いている。

家康は、この佳《よ》き日を関東入府の日に選んだ。なお、八朔は江戸時代を通じて公式の祝日とされた。

さらに、家康は江戸入りする家臣の不安を少しでもなくそうと、前述の通り、大久保忠行を先に江戸に入らせ、上水道施設を整備させていた。江戸の水は海水まじりでとても飲み水に使えるものではなかったからである。家康は万全の備えで家臣を安心させることを優先した。人たらしと呼ばれた秀吉とは異なる掌握術といえる。

忠臣たちの配置にまつわる家康の思惑

二百四十万石のうち、百万石は直轄領《ちょっかつりょう》となったが、残りの百四十万石については、他の家臣に分け与えられた。十万石以上を与えられたのは、井伊直政、榊原康政、そして本多忠勝だ。家康は小田原攻めの先陣を務めた徳川軍のうち、先鋒を担った直政を特に高く評価して、直政を十二万石とし、他の二人を十万石とした。

家康の敷いた関東知行割で、不可解なことがある。主君に忠義の篤く、多くの武功を立てていた直政、康政、忠勝を家康の居城とした江戸城より遠く離れた場所に配置したことである。

井伊直政は上野《こうずけ》国箕輪《みのわ》(現在の群馬県高崎市)。

榊原康政は上野国館林《たてばやし》（現在の群馬県館林市）。

本多忠勝は上総《かずさ》国大多喜《おおたき》（現在の千葉県大多喜町）。

本来であれば、手元に置いておきたい彼ら忠臣をここに配置した家康の狙いとは何か。家康の関東移封は、中央にいる秀吉から見れば、左遷に等しい。その狙いは、家康を田舎に追いやることで、あわよくば地元の荒くれ者どもが反乱を起こし、それを咎《とが》める形で大幅に降格させることだったといわれている。一揆勢が家康を討ち果たしてくれればなおよい、とさえ思っていたかもしれない。現に、家康の領地のまわりには、ぐるりと取り囲むように秀吉政権を支えようという武将らが配置されていた。そこで家康は有事の際に徳川家の最強武将たちが対応できるよう、直政らを配置したのだ。

直政は越後の上杉景勝《うえすぎかげかつ》や信濃の諸大名に、康政は常陸《ひたち》（現在の茨城県の大部分）の佐竹義重《さたけよししげ》に、忠勝は安房《あわ》（現在の千葉県南部）の里見義康《さとみよしやす》に、といった具合である。いつ何時、秀吉方に攻め込まれても対応できるよう軍事に重きを置いた配置だったのだ。家康は、秀吉に従順に従っているように見せておいて、いざというときの対処にも余念がなかった証といえよう。

有能な部下を手元に置いておきたいのは、どんな上司も考えることである。一方で、徳川家の結束は固く、遠隔の備えとして置いておけるほど、家康は彼らを信頼していたともいえる。

酒井忠次の重用は私情を排したものだった?

関東移封に伴い、十万石以上を与えられたのは、井伊直政、榊原康政、本多忠勝の三人のみで、創業期から家康に忠孝を尽くしてきた人物の名がそこにない。かつて、家康の部下といえば、石川家成、酒井忠次の二枚看板がいたはずだ。この二人は家康の祖父の代から松平氏に仕えてきた重臣である。家康の側近中の側近として称される徳川四天王とは、直政、康政、忠勝の三人に、忠次を加えた四人とされている。石川氏は数正が秀吉方に出奔したことから優遇されることはあり得ない。

忠次はいったいどうなってしまったのであろうか。

実は、忠次は天正十六年(一五八八)に長男の家次《いえつぐ》に家督を譲り、隠居している。では、家次が優遇されたのかというと、そうではない。家次が与えられたのは三万石。直政の四分の一である。忠次は「いかに若輩者《じゃくはいもの》とはいえ、あんまりだ」と家康に懇願した。

「譜代の筆頭格を務めていた我が酒井家が、たとえ息子の代とはいえ、他の三将に比べてあまりにも低うございます。考え直してはいただけないでしょうか」

ところが、家康は忠次に「お前でも息子はかわいいのか」と冷たい視線を送って言い放ったという。

これには理由がある。小田原攻めから十年ほど前の天正七年（一五七九）のこと。家康の嫡男である信康は、同盟関係にある織田信長の娘、徳姫《とくひめ》と結婚していた。あるとき、徳姫から信長宛に、信康とその母（家康の正室である築山殿）が武田家と内通しているとの報告が入った。徳姫から送られてきた書状には、証拠として十二カ条もの信康の不行跡が書き連ねてあった（『三河物語』）。信長は、すぐに信康付の家臣である忠次を呼び出し、事の真相を問い詰めた（『家忠日記』『三河物語』『信長公記』）。問われた忠次は、一言も弁明ができなかったという。別の説では、十二カ条のう

岡崎信康（勝蓮寺）

ち、十カ条まで申し開きができなかったとする（『三河物語』）。忠次と信康は仲がよくなかったため、最初からかばう気などなかったとする説もある。いずれにせよ、忠次の釈明が十分でなかったため、信康と築山殿は家康自ら処刑することとなった。

信康は器量にあふれ、信長の嫡男である信忠より優れているとの見方があった。『三河物語』では、武勇に優れ、親孝行をする立派な若殿であったとしている。家康にそのような優秀な後継者がいることを恐れた信長は、何か口実をつけて信康を排除したがったとする説がある。また、信長が自分の命に従うかどうか家康を試したとする説もある。どのような事情があったにしても、信康が信長に疑われ、家康が処刑を命じたのは事実である。そして、忠次がかばいきれなかったのも、また事実であった。

家康は、その器量と武勇を愛した息子をやむなく処刑した。これを指して、家康は忠次に「お前でも息子はかわいいのか」と言ったのだ。

忠次は信長だけでなく、秀吉にも目をかけられていた。家康をさしおいて、秀吉から土地や官位を受け取る忠次に、家康も譜代の家臣らも冷ややかであった。忠次の胸の内には、ひょっとしたら家康のために信長や秀吉といった実力者に気に入られ、徳川家を有利に導こうという狙いがあったのかもしれない。もし、そういう気持ちがあったとしたなら、忠

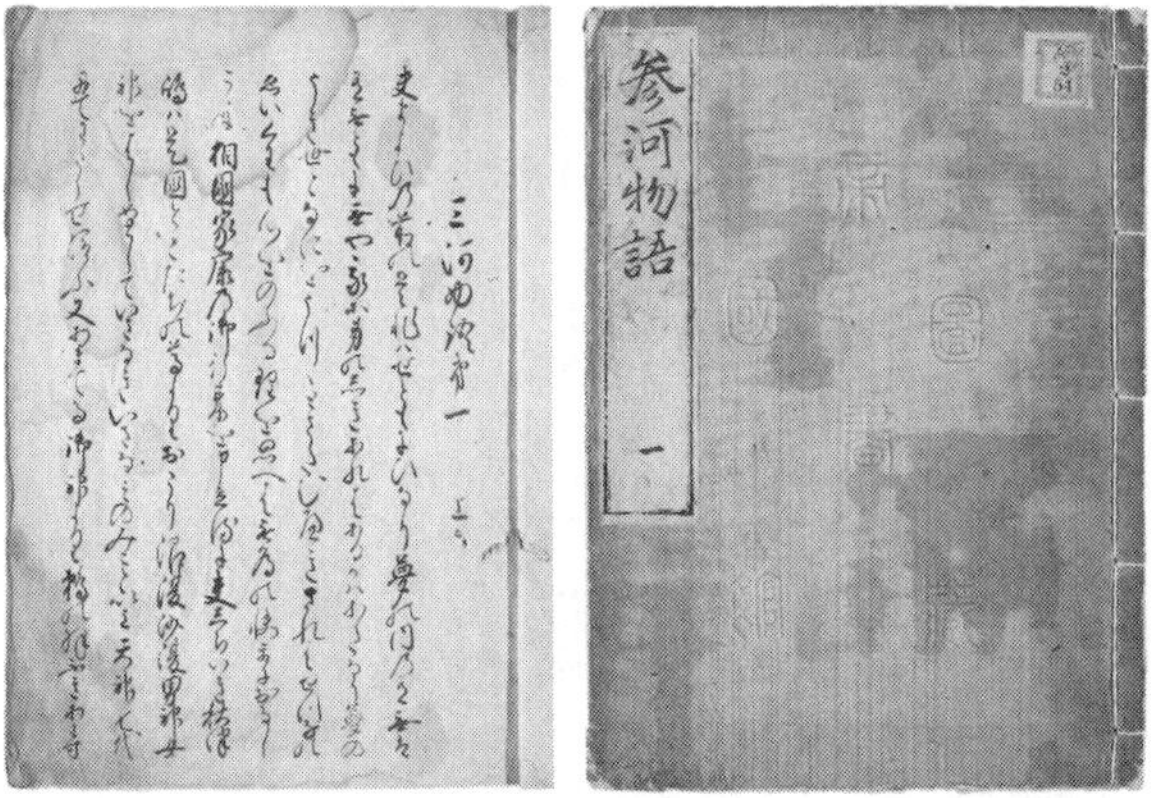

『三河物語』表紙と『三河物語』本文冒頭〈左〉（国立国会図書館蔵）

次のやり方は逆効果に終わった。

結局、忠次は秀吉から拝領した京都の屋敷に移り住み、やがて目を患《わずら》って失明する。そして、家康の信頼を回復できぬまま死んだ。

一方で、忠次が引退するまで重用し続けた家康は、私情を越えて能力至上主義を貫いたともいえる。忠次もまた、徳川発展に欠かせない人物の一人であったことに間違いはない。

信康の粛清《しゅくせい》については、家康から信長に上申する形で果たされている。近年では、家康と信康との間に何らかの深刻な対立があり、その結果、家康自らが手を下す決断をした、との説が有力視されている。ちなみに、江戸時代に成立した『松平記』や『見聞随筆』といった書物では、信康を分別のない人物として描いているが、『三河物語』

では逆に、孝心の篤い若大将と高く評価している。

安藤直次の愚直なまでの清らかさ

関東に移封となった家康の所領を明らかにしているのは『当代記』で、文禄《ぶんろく》三年（一五九四）頃には二百四十万石だったとある。先述のごとく、このうちの百万石を直轄領にし、残りについては家臣に分け与えた。これまで忠孝を尽くしてくれた家臣たちへの昇給、ボーナスといったところだろう。多くの家臣はベースアップを果たした。特に高給取りとなったのは、井伊直政、榊原康政、本多忠勝である。この他にも、その恩恵に浴した家臣は多く、一万石クラスの家臣が続々と誕生した。

安藤直次《あんどうなおつぐ》もそのうちの一人であった。『名将言行録』によれば、このとき直次に与えられたのは横須賀で、家康からは一万石と伝えられていたのだが、いざ直次が領地に入ってみると、半分の五千石がせいぜいであった。しかし、直次は何の不平も漏らさず、粛々と領地に入ったという。

後日（一説によれば十年後）、家康は直次を呼び寄せて聞いた。

「お前には以前、一万石を与えたが、土地の経営はどうだ。うまくやっておるか？」

直次は思わず返答に窮《きゅう》した。直次といっしょに家康の呼び出しを受けた成瀬正成《なるせまさなり》は、その様子を見かねて家康に進言する。

「殿、確かに私たちは一万石を拝領いたしましたが、直次の場合はちょっと違います」

家康は「どういうことだ？」と尋ねた。事情を聞いて驚いた家康は直次に問うた。

「それはまことか？」

安藤直次（妙源寺蔵）

直次はやむなくうなずいた。

「私はお前に与えた領地は一万石だと思っていた。そこにいる正成といっしょに、お前は私によく仕え、多くの武功を立ててくれた。そう思っておるのに、正成と差をつけるようなことなどするものか」

これを受けて直次は言う。

「たとえ、五千石であろうと殿が一万石と仰《おお》せになったからには、私にとっては一万石でございます」

同僚に愚痴《ぐち》をこぼすことなく、また主君を恨《うら》むことなく、今日、この日まで家康に忠義を尽くし続けている。家康はそんな直次の忠誠心に心から感動した。当然のことながら、早急に五千石を加増し、これまで不足していた分も一度に与えたという。

神君・家康も間違うこともある。もし直次がすぐに家康の間違いに気づき、指摘していたとしたら、結果は違っていたかもしれない。しかし、直次の忠義こそ、家康が最も尊《とうと》ぶものであった。

直次のように、ただただ主君に忠を尽くすことを第一義として、褒賞の多寡《たか》など構わないという考え方は現代にそぐわないかもしれないが、いつの時代にあっても、人の胸を打つのは、直次のような愚直なまでの清らかさに違いない。

土井利勝の人事は次世代に対する布石だった

武士にとっての給料は、土地だ。領土の広さや、収穫できる米や食料が豊かであればあるほど、高給取りとなる。

豊臣秀吉という人物は、金や土地を大盤《おおばん》振る舞《ぶ》いして、部下の心をつかんだが、日本の国土はそう広くはない。秀吉によって天下統一がなされ、武将はこれまでのように自分の領土を自由に拡張できなくなった。秀吉の出した「私戦禁止令」によって、下手《へた》に侵略行動に出たら、即座に家は潰されてしまう。一万石なら一万石、十万石なら十万石。自分の給料はほぼ確定したということになる。

何か与えるものがなければ、部下の心を繋ぎとめることはできなくなる。そう焦《あせ》り始めた秀吉は、朝鮮出兵を決めたとする説がある。広大な中国大陸を我がものとしようというのは、織田信長も夢見た壮大な事業である。

二百四十万石の地を領する当主として、家康も家臣に対する給与は頭を悩ませたかもしれない。関東移封の際には、一万石以上の家臣が増えることになったが、家康にとって家臣に与えるものとは、こうした目に見えるものばかりではなかった。

家康の家臣に土井利勝《どいとしかつ》という人物がいる。家康が利勝に要望したのは、自身の跡継ぎとなる秀忠《ひでただ》の養育だった。利勝は秀忠が誕生した天正七年（一五七九）から側近として仕えることとなった。通常であれば武功を立てて給与をもらうところを、利勝の場合は、秀忠の遊び相手が仕事。さほど高くないにしても、それで収入を得ていた。

家康にとって家臣は自分に忠孝を尽くすことが基本だ。だが、利勝に対しては、自分ではなく、跡継ぎの秀忠に忠誠を尽くしてほしいという願いがあった。少額の給与しか与え

土井利勝（国立公文書館蔵）

られなかったが、利勝は家康の狙いを受け止め、秀忠を一人前の武将に育てあげようと誠心誠意努めた。

　天正十九年（一五九一）に、秀吉は関白の座を甥《おい》の秀次《ひでつぐ》に譲った（「木下家文書」）。秀吉は秀次を自身の後継として見立てていたが、その後、側室の淀殿《よどどの》が秀頼《ひでより》を産んだため、後継者を秀頼に定めた。そうなると、秀次は邪魔になる。秀次に譲った関白を、秀頼に譲らせたいと考えるようになり、秀吉は秀次に難癖をつけるようになった。

　秀吉の心変わりを如実《にょじつ》に感じ取った秀次は、「そんな理不尽なことで殺されたくはない」と、申し開きの機会をうかがっていた。そこで目をつけたのが、秀吉にかわいがられていた秀忠である。秀忠の「秀」は、秀吉の一字をもらったもの。この秀忠に、秀次は自身の申し開きの仲介役を担ってもらおうと画策したのである。

利勝は秀次と懇意にするのは危険と感じた。まだ幼い秀忠では、秀次の申し出を安易に引き受けてしまうかもしれない。秀次のもとにいた秀忠を何とか言いくるめると、家康のもとに連れ帰ったのだった。

事の顚末《てんまつ》を聞いた家康は、たいそう喜んだ。秀忠の無事もさることながら、利勝が安月給にもかかわらず自分の意図を汲《く》んで、秀忠を守《も》り立てる気概を忘れずにいてくれたからである。その後も利勝は、家康の「跡」を見据えた戦略のなかに組み込まれていくことになる。

苦労して培った能力が裏切り者の本多正信を昇進させた

三河一向一揆の際に家康に盾突《たてつ》いた家臣に本多正信がいる。正信は松平家最古の家臣の一つである本多家を継いでいる。本多家は大きく二つに分けられる。一つは、本多忠勝の定通系。もう一つが、正信らの定正系である。

正信は上野城（愛知県豊田市）の酒井忠尚に従って一揆に加わったが、一揆が鎮圧されたのち、三河を出て諸国を放浪していた。その間の消息はあまり明らかになっていない。一説によれば、摂津《せっつ》（現在の大阪府北西部、兵庫県東部）や大和《やまと》（現在の奈良県）に勢力を誇った松永久秀《まつながひさひで》のもとに身を寄せたとされる。

「強からず、柔らかならず、また卑《いや》しからず、世の常の人にあらず」

久秀は正信をこう評したという。久秀は徳川の家臣を何名か知っていた。そのほとんどが武辺一辺倒だが、正信はそうした連中とは一味違うようだと語っている。

その後、正信は北陸地方の一向宗門徒に合流し、石山本願寺の一味として、織田信長への抵抗戦を繰り広げていたといわれている。

そんな正信が、家康のもとに帰参したのはいつ頃か。これも実は明らかではない。帰参を勧めた人間も、大久保忠世《おおくぼただよ》や高木広正《たかぎひろまさ》という名前があがっているが、実際のところはわかっていない。姉川の戦いに戦功があったとする説もあるが、甲斐国の武田遺臣に書状を送っていたり、『藩翰譜《はんかんふ》』に伊賀越えに同行した家臣のなかに名前が出てきたりしているところを見ると、天正十年（一五八二）頃には徳川家家臣として復帰していたのは間違いなさそうだ。

正信が徳川家に戻って最初にした仕事は、鷹匠《たかじょう》だったといわれている。鷹狩りは家康の趣味の一つだが、その鷹を手のひらに乗せて供をする役回りである。日頃は、鷹の飼育をしている。武士の仕事としては少々かわいそうな気もするが、一度主君を裏切っている者だから、致し方のないところだろう。

戦場での働きぶりに目立ったものが見られなかった代わりに、正信は政治家としての能力が徐々に評価されるようになる。四国の香宗我部親泰《こうそかべちかやす》や安房国の里見義康との交渉を任され、才を発揮した。その働きが認められ、関東移封の際には家康から城下町の整備を命じられている。

ちょうどこの頃は、家康の側近中の側近であった石川数正が出奔して、同じく側近であった酒井忠次も隠居していた。本多忠勝や榊原康政のような武勇の者ではなく、行政を見ることのできる席＝ポストが空《あ》いていたこともあり、そのなかで正信は頭角を現していくことになる。

正信はどのようにして、交渉術や城下町の設計技術などを身につけたのか。よくいわれることは、正信が諸国を放浪していた際に庶民の暮らしを直接、その目に焼きつけていた、というもの。庶民にとって何が必要なのかといった意識や、問題を解決するためのコミュニケーション能力などが、諸国をまわるうちに身についたのだろう。

家康にとって、この広い目線は得がたい重要なものだ。裏切り者の帰参を許したのは、家康の器の大きさともいえるが、正信側の視点でいえば、働き盛りの四十代まで諸国を放浪していたキャリアは、決して無駄ではなかった。正信は、武将としてではなく政治家として家康を支えていく人材となる。いつ、どこで、どういう才能が華開くかわからない。一見、無駄のように思えても、やがてそれが武器になると考えれば、仕事の取り組み方も変わってくる。現代人の我々にも通じる部分だろう。

天下人の怒りを買った本多重次をかばう

家康が関東に移って以降、多くの武将が昇進したが、残念なことに降格した者もいる。本多重次は「鬼作佐」の異名《いみょう》で恐れられた剛《ごう》の者である。かつて、天野康景、高力清長らとともに三奉行に任命されたこともあるから、行政面でも有能な人物であった。ところが、豊臣秀吉の怒りに触れて失脚に追い込まれた（『家忠日記』）。

なぜ秀吉に目をつけられてしまったのか。

徳川家の重臣の一人である重次が、関東移封に伴って蟄居《ちっきょ》させられたことは、『寛政重修諸家譜』や『岩淵夜話』『新編藩翰譜』などにも書かれているが、そこにはさまざまな説があげられている。一つは人質であった仙千代の奪還である。先にも述べたように、かつて重臣である石川数正が秀吉のもとへと出奔した際、徳川家は混乱に陥《おちい》った。このとき、いつ何時、秀吉方に攻め込まれるかわからないという緊張感のなか、徳川家は数正が敵方にもたらすかもしれない情報を予測しながら、家中のさまざまなルールを変更せざるを得なかった。そんななか、重次は秀吉のもとに人質として差し出していた息子の仙千代が危険にさらされると案じ、計略をもって奪い返してしまったという。

また、家康が秀吉に臣従するために上洛した際、秀吉側から差し出されていた大政所（秀吉の母）に重次が「殿に何かあったら焼き殺す」と脅《おど》して恐怖を味わわせていたため、秀吉のもとに帰った際、大政所がその一部始終を話したことが怒りを買ったとされる。

家康が秀吉に臣従したのちにも火種はあった。小田原攻めの後、秀吉は東北地方に攻め入っている。その帰途、秀吉は宿泊のために家康の居城だった駿府城に宿陣すべく立ち寄ったが、城を守っていた重次は秀吉の宿陣を断っている。「いま城を明け渡せとなると、城中の女や子どもを、まだ整備されていない荒廃した関東に追いやらなければならない。それでもというのなら、大納言《だいなごん》（家康）のお墨付《すみつ》きをもらってください」と追い返したのだ。

もちろん、秀吉は城を明け渡せと言っているのではない。一晩の宿として貸してほしい、と頼んだだけだった。徳川家が関東移封になった重次の不満が、態度に表れたものだ。事の成り行きを知った家康は、重臣の榊原康政、本多忠勝を使者として秀吉のもとに送り、詫《わ》びを入れた。ところが、秀吉は怒った風ではなく、康政らを労《ねぎら》った上で、「聞きしに勝る意地っ張りの男だ。大納言に言うことは何もない。まことに、作左（重次）はよい留守居男だと伝えなさい」と言ったため、康政や忠勝は秀吉の器の大きさに感心したという（『改正三河後風土記』）。もちろん、これは秀吉の本心ではない。表向きに天下人としての貫禄を見せただけであって、内心は怒り狂っていたのだ。

重次に対する秀吉の印象は最悪であった。そこで、秀吉は家康に「重次は豊臣家と徳川家との関係を妨《さまた》げる者である。処刑せよ」と命じた。

もちろん、家康は重次を殺したくはなかった。そこで、秀吉にこう報告した。

「処刑を命じたのですが、重次は少し前に病死しました」

その上で、家康は上総国小多喜《おたぎ》（現在の千葉県大多喜町）に重次を蟄居させた（『武家事記』）。このとき、重次はすでに六十歳を越えており、数々の戦場で受けた傷も相当なものだった。片方の目は見えなくなり、脚一本と指も何本か欠損していたと伝わっている。このような古老の家臣を蟄居させなければならない家康の心中はいかばかりだったろうか。

なお、『家忠日記』では、家康が秀吉に怒りを収めてもらおうと説得した結果、処刑は思いとどまり、蟄居になったことが書かれている。

徳川四天王・井伊直政の意外な弱点

人間には得手、不得手がある。どんなに華々しい活躍をした者でも、ネガティブな評価を受けざるを得ない部分があったりするものだ。

家康の部下には、徳川四天王《してんのう》や十六神将《じゅうろくしんしょう》と称される有能な配下が揃《そろ》っていた。四天王とは、酒井忠次、本多忠勝、井伊直政、榊原康政である（忠勝、直政、康政は三傑と呼ばれる）。この四人に十二人を追加して十六神将と呼ばれたり、さらに人数を追加して徳川二十将と呼ばれたりもする。それだけ名のある有能な部下が多数いたことの証だ。

なかでも若く、それでいて家康への忠誠心が最も篤かったといわれるのが井伊直政だ。関東移封の際、最高の十二万石を拝領したことも、その能力の高さを証明している。徳川家の前身である松平家から仕える古参も多数いたなかで、比較すると新参に当たる直政が家中最大の禄《ろく》を与えられたことに、直政は光栄な気持ちと同時に、重苦しい圧力も感じていたはずだ。しかし、実績としては申し分ない。武田氏との戦いである高天神《たかてんじん》城（静岡県掛川市）の戦いや、秀吉との戦いである小牧・長久手の戦い、北条氏の最期となった小田原攻めなどで数々の武功を立てている。家康の命に従い、武田軍の朱色の軍装を復活させ

『徳川十六将図』（浜松市博物館蔵）

①松平康忠
②酒井忠次
③榊原康政
④平岩親吉
⑤井伊直政
⑥本多忠勝
⑦鳥居元忠
⑧大久保忠世
⑨高木性順（清秀）
⑩鳥居直忠（忠広）
⑪服部正成
⑫大久保忠佐
⑬渡辺守綱
⑭米津浄心（常春）
⑮蜂屋半之丞（貞次）
⑯内藤正成

た精鋭部隊「井伊の赤備え」は有名である（『武功雑記』）。

ところが、そんな直政も完全無欠ではなかった。『井伊家古記』によれば、直政は寡黙《かもく》であったと記されている。部下の者にどんどんと意見を言わせて、最後に重みのある一言を述べて場をまとめるのが「直政流」だったようだ。無骨《ぶこつ》な武将だったことがうかがえる。家康も「寡黙だが頼りになる男である」と評している。

うまくいっているうちならよいが、やがて、部下は直政に対する不満を募らせていくようになる。寡黙が仇《あだ》となり、「説明不足」が際立《きわだ》ってきてしまった。

直政が城主となった箕輪城でのこと。直政は部下に気に入らないことを言われ、その者を斬るという暴挙に出た。そのため「人斬り兵部」という欲しくもないレッテルを貼られてしまった。その影響で、話しかけづらい、近寄りがたい、仕事が過酷というイメージがついた。下手《へた》に他の配下に転属を願い出ようものなら成敗《せいばい》されかねないので、それすらもできないという書状も残っているという。家康に直訴《じきそ》する動きまであったようだ。

この動きを事前に察知した直政は、「この訴えを聞き入れて、私の部下が抜けてしまうと、私の仕事がままなりません。どうか、彼らの願いをお聞き届けにならないように」と家康に願い出る一方で、部下を集め、

井伊直政（東京大学史料編纂所蔵模写）

「私に不服のある者は、江戸に帰ってよい」

と自由を認めるようなことも言っている（「近藤石見守両代覚書写」）。部下はやむなく直政に仕え続けた、あるいは「兵部殿（直政）以外のところに仕えたい」と答えたなど、その後のことは明らかではないが、それまでにも多くの人材が本多忠勝の配下に流れていったという話も残っている。なお、直政の死後に殉死した部下は一人もいなかったらしい。若くして早く昇進したことで他の家臣から反発を受けやすかった直政は、自分だけでなく、部下にも厳しく当たらざるを得なかったのかもしれない。

しかし、徳川四天王と呼ばれるだけあって、領土の統治は抜群にうまく、箕輪城城主として、家康を見習うように北条氏の遺臣を部下にし、それまでの統治方法を踏襲するなど善政を敷いた。特に、年貢を安くして農民の負担を軽減したことから、地元住民には「名君」と褒めたたえられた。いかに多くの首を獲るかという血なまぐさいところから、こうした民衆の目線に立った善政まで、家康は総合的に判断した上で、直政を高く評価したのだろう。

豊臣政権の反乱者と見なされた関ヶ原の戦いでの家康

慶長《けいちょう》三年（一五九八）、豊臣秀吉は「秀頼を頼む」との言葉を遺《のこ》して死んだ。当時は朝鮮出兵の最中で、家康は前田利家《まえだとしいえ》らとともに兵の引きあげなどの仕事に没頭していた。

かつて織田信長が本能寺の変に倒れたときも天下獲りの好機ではあった。しかし、当時、家康はほとんど丸腰の状態で近畿にいたため、自国に戻るのがせいいっぱいだった。織田家家臣の誰よりも早く京に駆けつけ、主君・信長の仇を取った秀吉に、天下人への道筋を奪われてしまっていた。

それからというもの、家康は豊臣家の家臣たちから、あるいは頼られ、あるいは恐れられながら、秀吉の従順な家臣として振る舞ってきた。豊臣政権下での地位を固めるためであり、秀吉の死後にその野心をむき出しにしたのは、当然の成り行きといえる。

家康は豊臣政権の重臣である五大老の筆頭にもかかわらず、禁じられていた大名同士の結婚を次々に進めるなど、あからさまに専横的な態度を取り始めた。

家康の専横を苦々《にがにが》しい思いで見ていたのが、石田三成《いしだみつなり》だ。三成は家康の暴走を食い止めようと、同じ五大老の一人である前田利家を味方につけるなどして対抗を試みたが、利家が病死したことで、形勢は家康の有利が確定した。多聞院《たもんいん》（奈良県奈良市）の院主が「（家康が）天下殿になられた」と日記に記すほど、豊臣政権においての家康の地位は揺るがぬものとなったのである。

実は家康の立場も安泰というわけではなかった。秀吉の死後、家康は伏見城《ふしみ》（京都府京都市）で政務をとっていたが、政権の中心はあくまで秀吉の息子・秀頼だ。秀頼は秀吉の死んだ翌年の慶長四年（一五九九）一月に伏見城から大坂城に移っている（『義演准后日記』）。これは家康が豊臣政権の中枢から外《はず》されたと見る向きもある。

さらにいえば、畿内は秀吉に忠実な大名たちがひしめいていた。家康の本音《ほんね》としては、一刻も早く領国の江戸に戻り、態勢を整えたかったはずだ。上洛命令に従わない会津《あいづ》（現在の福島県会津若松市、喜多方市）の上杉景勝を討伐する名目で出陣したのは、家康にとって領国に戻る口実だったとも考えられる。

こうした情勢の結果に起こったのが関ヶ原の戦いだ。この戦いは豊臣政権内の「内乱」というべき事象で、「家康と三成との天下争い」と単純にくくれるものではない。

諸大名に上杉討伐の命を下した家康は、自身も会津に向けて出発した。このとき、家康は三成の挙兵を予測していたといわれている。三成が兵をあげるとすれば、まず狙われるのは、京で家康が拠点としていた伏見城《ふしみ》だ。この城を守るのは、三河時代から徳川家に仕えてきた鳥居元忠であった。伏見城の戦力は二千に満たない。家康は兵の増強を提案したが、「一人でも多くの兵を会津討伐に連れて行ってほしい」と、元忠は拒否している（『東照宮御実紀』）。家康の天下獲りのために、捨て石になる覚悟だったとされる。元忠の忠誠心に、家康は涙したという。

伏見城で奮戦する鳥居元忠（『関ケ原合戦絵巻』／国立国会図書館蔵）

「殿は年を取られて心が弱くなられたようだ。このような大事な合戦で、我々御家人の五百や一千が命を捨てることを、なぜ悲しまれるのか」

元忠が井伊直政に叱咤するように激しく告げたという逸話も残る。

はたして、家康が会津へ向かって京を離れた直後、三成は挙兵。伏見城を襲った。兵力に劣る元忠だったが、十日余りも戦い続けた。その結果、元忠は戦死。

その後に起こった関ヶ原の戦いに家康が勝利し、いよいよ天下人に近づいたのはご存じの通りである。

関ヶ原の戦いは、家康が勝つべくして勝ったとよくいわれる。だが、実際はどちらに勝利が転がり込むかわからない、ギリギリの状態であったとするのが、近年の研究成果だ。

豊臣政権の特徴として、大名の権力の序列化を図っていたことがあげられる。その基準となったのが、武家官位制と呼ばれる制度だ。これは公家の官位制度を踏襲したもので、家康ら五大老と呼ばれる大名たちは、公家でいう五摂家《ごせっけ》に相当する家格に位置づけられていた。この家格は清華成《せいがせい》と呼ばれる。関ヶ原の戦いは豊臣政権の家臣同士の内訌《ないこう》であることはすでに述べたが、家康以外の毛利輝元《もうりてるもと》、宇喜多秀家《うきたひでいえ》、そして上杉景勝ら清華成大名が反家康の名のもとに結集したことは、家康にとって非常に分《ぶ》が悪い。武家トップの家格が三人まで家康を「豊臣政権に対する反逆者」とみなしたことで、合戦の正統性という意味では、家康は圧倒的に不利な立場で戦場に向かわざるを得なかったのである。なお、残る五大老の一人、前田利長《としなが》は金沢で謹慎中であった。

当初、家康は挙兵するのが、三成とその盟友である大谷吉継《おおたによしつぐ》くらいと高をくくっていたようだ。清華成大名の連帯は、家康の想定を大きく超えたものだった。また、三成は「内府ちかいの条々」と呼ばれる、家康の罪状を明らかにした弾劾状《だんがいじょう》を世に出している。数々の家康の専横を述べた告発文であるが、この「内府ちかいの条々」によっても、家康は豊臣政権に対する「反乱軍」として位置づけられてしまった。

家康の焦燥は、百二十通もの手紙を全国各地の大名に送っていることからも明らかだ。両軍ともに自軍が豊臣政権の正規軍で、相手が賊軍《ぞくぐん》であると主張していたが、開戦当初は戦の大義名分の意味で、家康側が不利な状況にあったのは、関ヶ原の戦いを見る上で重要な視点の一つといえる。

「東軍」結成の下準備は豊臣政権内で着々と行われていた?

再三述べているように、関ヶ原の戦いを迎える頃の家康は、あくまで豊臣秀吉の愛息・秀頼の部下の一人という立場であった。他の大名らも同様で、いずれも秀吉の築き上げた体制に忠誠を誓う姿勢であった。

そんななか、秀吉の死後における豊臣家家臣団には深刻な対立が生じていた。福島正則《ふくしままさのり》らによる石田三成の襲撃事件は、その象徴といえる。朝鮮出兵の折の作戦や論功行賞に不満を抱く正則ら武断派は、軍目付《いくさめつけ》の統括役であった三成を敵視していた。正則らのなだめ

石田三成（東京大学史料編纂所蔵模写）

役となっていた前田利家が死去したこともあって、三成に対する不満が爆発し、襲撃に至ったのである。三成は事前に正則らの企《くわだ》てを察知して逃れたが、この事件を仲裁したのが家康だった。

つまり、埋めがたい両派の溝を家康は利用したのである。

家康の命に従って、多くの大名が上杉討伐のため会津に向かったときのこと。家康の目論見通り、空白地帯となった近畿で三成は決起した。挙兵と同時に、三成は会津討伐に従軍している武将たちの妻子を人質に取った。そのような状況を前にして、上杉討伐に従軍した諸将の間に動揺が走るのも無理はない。家康は、この事態に対応すべく、会津に向かう途中の下野《しもつけ》国（現在の栃木県）小山《おやま》にて軍議を開いた。世に言う「小山評定」である。

家康は諸将に伝えた。

「お聞き及びの通り、三成が挙兵した。妻子を人質に取られているため、気が気でないであろう。私に遠慮することはない。三成に味方したい者は、いますぐ陣払いして帰国されよ」

会津討伐は豊臣家への反逆とみなした上杉氏を討つための戦いであり、それに従軍している彼らは、家康の部下ではない。秀頼の部下だ。彼らのリーダーたる秀頼は、三成の手の内にあった。よって、豊臣家家臣であるなら、三成の軍に参加するのが筋だったといってもいいかもしれない。そんななかで彼らがどのような判断をするのか。家康にとって、これは大いなる賭けであった。

状況を考えれば、家康の敵にならないまでも、中立を保とうとする者が多数出てきてもおかしくない。そうなると、家康は苦しい立場に置かれることとなる。事実、この情勢を見た世間では、家康の圧倒的不利を予想し、「徳川様今度滅亡」という風聞が流れていたようだ（『平尾氏箚記』）。

このとき家康は、あえて彼らに去就《きょしゅう》を委《ゆだ》ねた。「行くな」とも「行け」とも言わない。各々の判断に任せたのである。これは、単に命令するのではなく、自身の判断を尊重させる、三河家臣ら直属の部下に家康がしているやり方だ。

もっとも、会津討伐に付き従った諸将は、三成に対して憤懣《ふんまん》やるかたない思いがある。融通《ゆうづう》のきかない三成の狭量《きょうりょう》さに比べて、おのおのに判断を委《ゆだ》ねる家康の器の大きさに、諸将は感じ入るところがあったのだろう。家康の言葉を受けて、秀吉子飼いの武将である正則がまず口火を切った。

「妻子への情にひかれ、武士の道を踏み外《はず》すことがあってはならない。内府《だいふ》（家康）のために、身命を捨ててお味方する」（『徳川実紀』）

すると、結論を下せなかった諸将も、正則の決断に同調する者が次々に現れた。一気に形勢は「諸将が家康と行動をともにする」方向へと流れたのである。家康のマネジメントが、同郷の三河家臣にのみ通用するものではないことを証明した瞬間だった。

「小山評定」の詳細な様子は、江戸時代に成立した軍記物語『関原軍記大成《せきがはらぐんきたいせい》』などに描かれる。家康が正則らに事前に根回しする様子はドラマや小説など創作の世界でも描写されるが、おそらく家康が彼らに根回ししたのはこのときが初めてだったわけではない。秀吉の死後、政権内で地道に彼らの懐柔《かいじゅう》を進めた結果であって、これらの逸話が事実であるならば、用意周到な家康の作戦勝ちだったといえるだろう。

第六章　戦闘集団から政治家集団への脱皮

徳川家家臣や東軍諸将の論功行賞

豊臣秀吉の天下統一以降、最も大きな変化は、言うまでもなく合戦がほとんどなくなったことだ。天下分け目の決戦といわれた関ヶ原の戦いの後となれば、なおさらである。

この戦いに勝利した家康は、豊臣秀頼の家臣という体裁《ていさい》は取りつつも、天下人同然の立場でもあった。

戦後に握った強大な権力を背景に家康がまず行ったのは、勲功調査であった。調査を命じられたのは、井伊直政、本多忠勝、榊原康政、本多正信、大久保忠隣《おおくぼただちか》、徳永寿昌《とくながひさまさ》。長期にわたった彼らの調査報告をもとに、まずは敵にまわった西軍の大名らの領地を没収した。没収された領地は、徳川家の直轄地のほか、家康に味方した東軍の諸将、そして、徳川一門へ分け与えられることとなった。

諸大名に対する褒賞にも、家康が気を配った様子がうかがえる。敵方となった大名は没収としたものの、頭を悩ませたのは、豊臣恩顧でありながら家康に味方した大名たちである。粗末に扱うと反乱を起こされる可能性が高まるし、過大に評価して多くの領地を与えても、徳川一門から不満を抱かれかねない。そこで家康はまず外様《とざま》と呼ばれる、江戸から

本多忠勝（東京大学史料編纂所蔵模写）

見て僻地《へきち》に当たる地域で味方した大名は大幅に加増した。たとえば、出羽国《でわ》（現在の山形県と秋田県の大部分）の最上義光《もがみよしあき》や、肥後国《ひご》（現在の熊本県）の加藤清正《かとうきよまさ》らである。また、江戸から遠く離れた地に配属させる者についても、大幅に加増した。蒲生秀行《がもうひでゆき》や池田輝政《いけだてるまさ》、山内一豊《やまうちかずとよ》などは約三倍に加増されている。

　気を遣《つか》っていた様子は、こんなエピソードからもうかがえる。家康は尾張国を領地としていた福島正則を安芸国に配置することにした。三成方に属したことで大幅に減封となった毛利氏に対する備えとしたのかもしれない。ただし、蒲生氏や山内氏などと違い、これまでの二倍程度の加増である。結果を伝えるべく派遣されたのは、井伊直政と本多忠勝の二人。徳川家の重臣を使いにし、正則に最大限の配慮をしたわけだ。二人は褒賞の内容を恐る恐る伝えたところ、正則は思いのほか上機嫌で「過分の褒賞に存ずる」と口にしたので、直政と忠勝はほっと胸をなでおろしたという（『慶長年中卜斎記《けいちょうねんじゅうぼくさいき》』）。もしかしたら、僻地でも高給を得れば、出世のことなどもう考えなくてよいとする人間の心理を巧みについたものだったのかもしれない。

　それでは、これまで忠勤を尽くしてきた重臣たちはどうだったのか。象徴的に語られるのは、本多忠勝だ。

忠勝は桶狭間の戦いのとき、十三歳で初陣《ういじん》を飾った生粋《きっすい》の武人だ。かつて武田信玄との戦いのなかで見事な殿軍を果たしたことから、武田方から「家康に過ぎたるものは二つあり唐《から》の頭に本多平八」とたたえられたほどの剛勇を誇った（『柏崎物語』）。秀吉からも「一人当千の兵とは汝《なんじ》（忠勝）のことをいう」と絶賛されている。

関ヶ原の戦いの際にも忠勝は、家康の息子である秀忠から拝領した名馬・三国黒《みくにぐろ》を駆って、島津家や宇喜多家の軍と激戦を繰り広げた。忠勝の次男である忠朝《ただとも》もめざましい奮闘を見せ、あまりの斬り合いの激しさに、刀身が反《そ》り返って鞘《さや》に入らなくなってしまうほどだったという。関ヶ原の戦いで忠勝らが落とした首は九十に及ぶと伝わっている。

戦後、東軍に属して共に戦った福島正則が家康の陣を訪れ、忠勝の勇猛ぶりを褒めたたえた。すると、忠勝は「敵が弱すぎた」と大笑いして答えたという（『本多岡崎家譜』『関原始末記』『藩翰譜』『武家事紀』）。

ところが、忠勝に告げられたのは、上総国大多喜十万石から伊勢国桑名《くわな》十万石への国替えであった。「そのうち五万石は次男忠朝に与える」と続いた。一見すると、西国に位置する豊臣恩顧の大名らに対する牽制《けんせい》のための配置とも考えられるが、江戸で中央集権を考えていた家康の方針からすれば、「左遷」と見えなくもない。今後、忠勝のような戦上手の技能はさほど必要としないといった家康の気持ちの表れなのかもしれない。主君のために死線をくぐり抜けてきた忠臣にしては、あまりに寂しい人事である。

ただし、忠勝はすでに齢《よわい》五十を越えていた。ひょっとしたら「長年お疲《つか》れさま」という気持ちが家康にあったのかもしれない。「後はゆっくり余生を過ごせ」。そんなメッセージだとしたら……。そう考えずにはいられない。

忠勝は桑名城（三重県桑名市）に居城を移した後も、城の増強に精を出している。そして、そのまま戦場に出ることなく、晩年を過ごした。

敗北した石田三成を徳川の権威づけに用いた秘策

部下への褒賞は大切だが、一方で敵方には何らかの罰を与えなければならないのが戦国の世の常だ。

関ヶ原の戦いでの家康の敵とは、いうまでもなく石田三成である。戦後、三成は捕縛され、その身柄を本多正純《ほんだまさずみ》に預けられた。「天下分け目の戦い」といわれた関ヶ原の戦いに勝利した後は、いよいよ家康が天下泰平に向けて本格的に動き出すことになる。そんなことを念頭に、正純は戦犯である三成の有効な使い道に思案を巡らせていた。その結果、正純は三成を鳥居《とりい》成次《なりつぐ》の陣屋に置くことにした。成次の父は鳥居元忠。元忠は家康が心置きなく上杉討伐に迎えるよう、三成らの大軍を少兵で守る伏見城に引きつけ、散っていった勇将である。となれば、成次にとって三成は親の仇。顔を見ただけで、すぐさまその首を斬ってやりたい憎き相手である。

そんな成次に対して、正純はこう指示している。

「できうる限りの礼を尽くせ」

不可解なことに、成次は三成を丁重すぎるほど丁重にもてなしたという。まるで遺恨《いこん》などないかのようだった。あまりの丁重さに、逆に三成が苛立《いらだ》った。

「私はお前の親の仇だぞ。なぜ、さっさと命を取らぬ？」

成次は正純に説かれたことをそのまま伝えた。

「あなたを私の手で殺してしまったら、父の死が卑小なものとなってしまいます。父はあなたと戦って死んだのではありません。天下のために戦って死んだのです」

これを聞いた三成は、家康どころか、徳川家家臣の気高《けだか》さを骨の髄《ずい》まで思い知らされた。

「私の負けだ」

こうつぶやいた敵将・三成の一言は、全国の武将に宣伝された。関ヶ原の戦い以降、いまだくすぶっていた戦乱の火種は、この宣伝により相当に鎮火された。正純の采配の報告を受けた家康は、満足げに笑ったという。

江戸の発展に寄与した税率と農地拡大

家康は庶民の目線に立った政治を行っていたとする記述が数多く見られる。関東移封の際、多くの部下が一万石を超える大名となったので、家康は特に二つのことに力を入れるよう、部下に命じている。それが倹約と勧農だ。

関東は家康が入るまではインフラなどの整備が行き届いていない地であったが、徳川家が入ったことで急速に発展していく。その原動力となったのは、倹約と勧農だった。家康の直轄地で行われていた倹約と勧農が手本となり、その後、部下も倣《なら》っていくようになったが、関ヶ原の戦いの後は、全国の大名も見習った。

なかでも象徴的なのは、四公六民という制度だ。四公六民とは、農民が収穫した米の四割を大名に年貢として納めること。残りを農民の収入とするものである。これがなぜ農民目線に立ったものなのか。実は、家康以前の豊臣政権時代では、割合がまったく違っていたのである。豊臣政権で採用していた比率は七公三民。収穫した米の七割を税金として納めなければならない、厳しい税率だったのである。

　四公六民は、もともと小田原を拠点に関東を支配した北条氏初代の北条早雲《ほうじょうそううん》が定めた税率だった。代々、北条氏が踏襲した農政を、家康は自身が統治者となっても引き継いだので、税を納めなければならない庶民も安心した。さらに、家康は農民の自治をできる限り尊重した。これまでの各農村の慣行を極力認め、領主が変わるときに起こりがちな混乱を、なるべく低減するよう努めたのだ。

小田原駅前に立つ北条早雲像（神奈川県小田原市）

　家康は江戸へと繋がる交通路の整備にも力を入れている。舟積みの荷物を江戸城近くまで運ばせるため、低湿地であった江戸の水はけをよくしたり、街道を往来する旅人を保護するよう、命じたりしている。

　江戸の税率は、全国に比べても低いらしい。そんなことを聞きつけて江戸へ移ってくる農民もいたようだ。家康の関東入りからわずか十年で、関東の農地が飛躍的に広がった。

その上、家康は原則的に自由商業を許したから、商人も自然と江戸に集まるようになり、江戸城下はみるみるうちに活気にあふれた。こうした成功例を見て、家康の部下もまねをし、各大名も見習うようになったのである。

関ヶ原の戦い直後に行われた人事配置

関ヶ原の戦いの戦後処理に当たり、家康は家臣や各大名の配置に頭を悩ませた。結果、一門の者は江戸の周囲に、豊臣恩顧の大名は江戸から離れた場所にして高給を取らせる処置に落ち着いている。

これをもう少し詳細に説明すると、家康は大名を次の三つに区分けしている。

一つは譜代《ふだい》大名。井伊直政や榊原康政、本多忠勝といった、古くから家康に仕えてきた家臣たちのことだ。彼らはもともと、家康の領地であった関東に配置されていたが、戦後は近江や美濃《みの》（現在の岐阜県南部）、信濃、三河といった土地に配属された。

もう一つは親藩《しんぱん》大名。家康の親戚筋に当たる大名のことで、たとえば家康の次男に当たる結城秀康があげられる。秀康は家康が豊臣秀吉と和解を結ぶ際に、養子として秀吉のもとに送られている。なかなか世継ぎのできなかった秀吉は、各家から養子を迎え入れていたが、秀頼が生まれると、その必要もなくなり、養子を次々に他家に出していった。秀康も例外ではなく、結城家に入り、家督を継いでいる。関ヶ原の戦いでは、家康が西に向かっている間、会津の上杉景勝を牽制する任務を与えられた。家康の四男として生まれ、東条松平家の家督を継いだ松平忠吉《まつだいらただよし》も同じく親藩大名だ。

最後の一つが外様大名である。基本的には譜代・親藩以外の大名で、上杉景勝や毛利輝元など豊臣政権に仕えた大名があげられる。彼らはいずれも東北や九州の奥地へと編入されることとなる。

戦後処理の一環として、家康は大名の取り潰しや配置替えを積極的に行っているが、これはいうまでもなく、その後の幕藩体制の枠組みを意識してのことである。国家の中心にいる「徳川家」に反抗する可能性のある者を意識した体制づくりだった。

譜代や親藩に位置づけられた大名は、関ヶ原の戦いの後、関東の枠を飛び越え、豊臣恩顧の勢力圏内であった近江や尾張、美濃といった場所に配置されたのも、豊臣氏を支持する大名らの監視役という意味合いがあった。外様大名に対する家康の気の遣い方は特に慎重で、のちに跡継ぎの秀忠に次のように語っていたという。

「外様大名は世の中の変動によって、敵にも味方にもなる。いつ我々を裏切るかわからない存在だ」

家康は、まだ豊臣秀頼の臣下という立場でありながら、以後、自身が経営することになる徳川家中心の政治体制を慎重かつ丁寧に展開していたのである。

徳川秀忠が跡継ぎに決まったのは家康の独断ではなかった

関ヶ原の戦いの論功行賞の一方で、家康は徳川の将来についても見据えていた。

戦後、半年も経《た》たないうちに家康は重臣を呼び寄せている。呼ばれたのは、井伊直政、本多忠勝、榊原康政、平岩親吉、大久保忠隣、本多正信だ。家康は彼らに尋ねた。

「私には息子が三人いる。誰を私の後継者とすべきか」

家のことを決めるのは主君である。つまり、徳川家のことは家康が決める。特に、世継ぎは立場上、家康の独断で決めるのが当たり前の時代だ。ところが、それがたとえ表向きであったとしても、家康は部下に相談するポーズを取っている。

このとき、直政はこう主張している。

「四男の松平忠吉殿こそ一番ふさわしいと存じます」

徳川秀忠（東京大学史料編纂所蔵模写）

実は、かねて康政、忠勝ら徳川三傑と呼ばれる重臣たちが推《お》していたのが忠吉だった。忠吉は合戦の度に武功を立てる才気ある若者である。

これに対し、正信は次のように提案した。

「信康様亡き後、長子である結城秀康殿が適任ではないか」

忠隣が最後に口を開いた。

「家康公の御子はいずれも武勇に優れている。しかし、これからは泰平の世。これを治めるのには、必ずしも武勇に優れていなければならないことはない。むしろ、文徳仁智勇を兼ね備えた徳川秀忠殿こそふさわしい」

家康は他の重臣にも意見を聞いた後、「再考する。後日、また集まってくれ」と言って、自室で考えあぐねた。話し合わせれば話し合わせるほど、意見がまとまらなかった。それは、どの意見も筋が通っていたからだ。家康は考え、悩み抜いた結果、「忠隣の申すところ、我意にかなえり。家督すでに定まりぬ」と、徳川家の跡継ぎは秀忠であると正式に発表した（『台徳院殿御実記』『徳川実紀』）。

家康の決定には、忠隣の「将軍に多少の欠けた部分があっても、いい人材を補佐役につければ国政は立派に行える」という言葉も後押しになったことだろう。

本来であれば、跡継ぎは家康の独断で決めるべき重要事項だ。それを家臣たちに広く意見を聞くという体裁を取ったことで、重臣は家の将来を左右する重大案件に参画することができた。「徳川家」を担うのは、主君はもちろん、自分たちもその一角なのであるという自覚を促すことになったに違いない。彼らはかねて徳川家の重臣ではあったが、家康を支える者として、その決意をなお固めたはずである。

家康が征夷大将軍を選んだ理由

天下を差配する絶大な権力を握ったとはいえ、家康は依然として豊臣政権下の家臣にすぎなかった。豊臣秀吉の家督を継いだ秀頼は、関ヶ原の戦いの直後、まだ十歳にも満たない幼さであったが、従二位権中納言《じゅにいごんのちゅうなごん》という高い官位に就いていた。なお、当時の関白には九条兼孝《くじょうかねたか》が任官している。関白職は秀吉や秀次が任じられていたが、もともと武家が任じられるようなものではない。それが証拠に、公家社会では兼孝が関白になったことを「武家より摂家へ返さる〵の始め」（『舜旧記』）と歓迎している。

秀吉の狙いは、家康ら五大老が秀頼の成人するまで政務を担当し、その後、秀頼を関白にし天下に号令させるというものだ。いまだに秀頼が高い官位を保っているのは、五年後

玉造稲荷神社に立つ豊臣秀頼像（大阪市中央区）

か、十年後か、いずれ関白職に就く可能性が残っていることになる。おそらく、豊臣恩顧の大名たちも、そう思っていた。それは、今後、秀頼を擁立して徳川氏に反乱を起こそうとする者が出てきかねないことを意味する。そこで、奥羽の伊達政宗は、家康が秀頼を引き取って養育するのはどうか、と提案している（「観心寺文書」）。政宗は関ヶ原の戦いで家康側に立った武将である。この提案は、政宗すら家康を秀頼の家臣として見ていたことを意味する。言い換えると、徳川氏による政権は、誰の頭の中にもなかった。

実質的には、関ヶ原の戦い後の論功行賞を執《と》り行ったのだから、家康の天下といっても差し支《つか》えない。それでも家康は、やがて豊臣家に権力を奪われるかもしれない状況を放置するわけにはいかなかった。

朝廷から関白職を勧められたという説もあるが、家康はこれを断っている。その代わり、空位となっていた征夷大将軍《せいいたいしょうぐん》を狙った。征夷大将軍は、朝廷の名のもとに敵を征夷（制圧）する役割を持った武家の棟梁《とうりょう》だ。この職に就くためには正統な源氏の流れを組む必要があったといわれている。そこで家康は朝廷に根回しした上で、源氏の子孫となるよう系図を操作して将軍任官の資格を得たというが、真偽はわからない。いずれにせよ、関ヶ原の戦いから約三年後、家康は征夷大将軍の座を射止めたのである（『公卿補任』『御湯殿上日記』）。

この一事をもって、家康は豊臣政権から離脱もしくは逸脱した存在となる。秀頼とは違う権力機構を手に入れたのである。豊臣家としては、秀頼が就任すべきは関白職と想定していたので、家康が将軍職に就くことは「秀吉の意向を無視したわけではない」という言い訳も成り立つ老獪《ろうかい》な戦術だったといえる。

家康はさっそく武家の棟梁として、福島正則や加藤清正、伊達政宗などを駆り出して、江戸城城下の整備に当たらせている。海千山千の武将たちを従わせるのに必要なのは、相応の「箔《はく》」である。将軍・家康の命令に彼らが素直に従ったのは、「箔」と同時に、家康がそれまでに培《つちか》ってきた人望も大きく寄与していたはずだ。

主君のために人を見る目を養うことを求めた

譜代、親藩、外様といった区分けをして全国に大名を配置した家康は、自身の身辺警護を行う直属の部下を身近に置いている。これを直参《じきさん》という。

直参は役割によって二通りある。旗本《はたもと》と御家人《ごけにん》だ。

旗本とは、三河譜代の武士のことである。譜代大名は一万石以上の者がなるが、これに満たない者が旗本となる。旗本は将軍に対しての謁見《えっけん》が認められる存在だ。将軍との謁見を「御目見《おめみえ》」という。

これに対し、将軍との謁見の認められない直参を御家人と呼んだ。つまり、旗本よりも格下となるわけだが、御家人の業務は家康が鷹狩りに行く際の警護や城内にある鉄砲の整備など多岐にわたるため、複数人の部下がつけられた。

あるとき、家康は家臣に某旗本の人柄について聞いたところ、「私の家に顔を見せたことがないので、どんな人物かわかりません」と返された。これを聞いた家康は怒った。「配下の人柄を知らないとはどういうことだ。それでは上役《うわやく》の資格はない。顔を見せに来ないからというが、武芸に励む者は上役のご機嫌取りなどしないものだ。むしろ、ごまをするのが下手な人物のなかにこそ、優れた人物がいるはずだ。そうした人を見る目がなければ、本当の意味で主君に仕えているとはいえない」（『岩淵夜話』）

合戦のない平和な時代となると、敵の首を獲って昇進する機会はない。どれだけ将軍に忠義を尽くすかが出世レースの決め手になっていた。こうなると、上司におべっかを使って近寄る者が出てくるのが世の常。近寄られた上司にしても、自分をよく言われれば悪い気はしない。こうして、組織は「馴《な》れ合い」が始まるのだ。

家康は、「馴れ合い」を嫌った。これまでも、一人で十分な奉行職に、それぞれ個性の異なった三人の人間をつけるなどして、切磋琢磨《せっさたくま》することを部下に強いた。コネなど通用しない、本当の意味での実力主義を重んじていたのだ。

厳しさを持った真の能力主義が、強い組織力を生み出す。現代の組織を生きる者は、能力主義という言葉は知っていても、その意味を忘れてしまっているのかもしれない。

官僚としての本多正信・正純父子の凄み

豊臣秀吉による天下統一、天下分け目の決戦である関ヶ原の戦い、そして開幕に至り、世の中からますます合戦が遠のいていた。世の動きに伴い、家康は統治の仕方も、家臣団の編成も考え方を改めていった。

一般的な戦国大名と同様に、徳川家も家の中心はあくまで家康だ。だが、家康は織田信長や豊臣秀吉に見られるような独断専行型の統治者ではなかった。関ヶ原の戦い前後から、家康は家臣に判断を委ねるのが珍しいことではなくなった。三河武士団の結束の固さは変わらずで、家康の決済がなければ勝手なことができないのは変わりがないが、組織が大きくなっていくにつれ、独断では乗り切れない課題がいくつも出てくる。家康はそうしたことも見据えながら、少しずつ部下の裁量を広げていった。自身の後継者を決める際に重臣らに意見を求めたのは、その例の一つにすぎない。

これは同時に、単なる戦闘集団から政治家集団への脱皮を図っていたことに他ならない。政治家としての典型的な家臣が、本多正信・正純父子であった。彼らは特に戦場で派手な働きをしたわけではないが、関ヶ原の戦い以降、その重要性は増す。一方で、井伊直政、本多忠勝、榊原康政といった戦場で類《たぐい》まれな働きを見せていた家臣らの活躍の場は失われていった。

家康が本多父子に感銘を受けた一つのエピソードがある。

関ヶ原の戦いの際、家康は関ヶ原で合流する予定で、秀忠に大軍を預けていた。家康の

上田城大手門（長野県上田市）

進軍とは別ルートで関ヶ原に向かわせていたのである。ところが、秀忠は行軍の途中で真《さな》田《だ》氏の守る上田城（長野県上田市）を攻めあぐねたことで、合戦場に間に合わなかった。烈火のごとく怒った家康は戦後、三日にわたって秀忠と会うのを避けたという。

このとき、秀忠に同行していた大久保忠隣と本多正信も、家康に責められて当然の立場であった。「秀忠の顔など見たくもない」と怒り心頭で面会を許さない家康に対し、忠隣は訴えた。

「大将の秀忠様には何の罪もありません。すべては、補任の役にあった参謀の私の責任です。秀忠様をお許しになり、どうぞ、私を処罰してください」

ところが、もう一人の参謀である正信は黙っていた。その様子を見ていた正純は言う。

「参謀に責任があるとすれば、それは父の正信も同罪でございましょう」（『台徳院殿御実紀』）

周囲にいた者は、自分の父を主君に告発する姿を見てあ然とした。何と冷たい子だろうとあきれたが、家康は違った。相手が自分の父親であっても、罪は罪として訴えることのできる正純を見て、父子に対する信頼をますます厚くしたのだ。この二人さえいれば、徳川家という組織は安泰だ。そう確信することとなった。

さて、家康は将軍職就任からわずか二年となる慶長十年（一六〇五）、職を秀忠に譲渡する（『家忠日記増補』『創業記考異』『公卿補任』）。これはつまり、もともと持ちまわりだった将軍職を、今後は徳川家で世襲していくのだという意思表示であった。家康は引退したが、駿府に居を構えながら、江戸の二代将軍・秀忠と協調して政務を見ていくことになった。いわゆる二元政治の始まりである。

当然、家康の跡を継ぐのは豊臣秀頼であると思っていた勢力は度肝《どぎも》を抜かれた。徳川家による政権運営の姿勢を鮮明にする一方、家康は、その邪魔者となりかねない豊臣家への対応を迫られることとなる。

第七章　異能のプロフェッショナル集団

加藤清正を押さえつけた情報戦略

家康の天下はほぼ確定したが、火種は絶えていない。苛烈な戦国時代を経験してきた大名がまだ生き残っており、彼らがいつまた戦乱の狼煙《のろし》を上げるか、わからなかった。

家康が最も警戒していた大名の一人が、加藤清正だ。彼は豊臣秀吉の親戚筋に当たる。清正のなかでは、秀吉の遺児である秀頼の方が立場としては家康より上であり、たびたび、そうした信念に基づいた発言もしている。清正は関ヶ原の戦いでは家康方について多大な貢献をしていたため、他の譜代大名や外様大名のように強引に押さえつけるわけにはいかない特別な存在であった。そこで家康は一計を案じている。

あるとき、家康は京の二条城（京都府京都市）に滞在中、大勢の来客の前で部下の本多正信にこう話した。

「諸侯の中で、加藤清正に及ぶ者はいないであろう。彼に西国を任せておけば、まず安心だ。しかし、一つ気になる点がないこともない」

正信が「それはどういうことでしょうか」と尋ねた。

「清正は激しやすいという危険な一面がある。もう少し落ち着いた性格であったなら、彼に及ぶ者は本当にいなくなるのに」

　そう家康が答えたので、正信はこう返している。

「なるほど。そういえば、武田信玄の嫡子《ちゃくし》である武田勝頼も、そのような性格のために滅ぶことになりましたな」

　一連の会話を聞いていた京の商人は、一部始終を清正に伝えた。何げなく聞いていると、家康は清正を褒めているように解釈できる。しかし、清正は思った。

「自分は、家康に危険人物とみなされている」

　清正はこの一件以降、言動、行動を含め、慎重に振る舞うようになったという。

　これは家康と正信による情報戦略の一つと考えていいだろう。力で押さえることができないから、自発的にそうなるよう仕向けたのだ。豊臣恩顧の猛将・清正

加藤清正像（熊本県熊本市）

が、まるで鈴をつけられた猫のようになったのを見て、他の大名らもこぞって家康の顔色をうかがうようになっていく。

こうして家康は徐々に秀頼を孤立させるよう根回しをしてから、秀忠に将軍職を譲ったのだ。用意周到にすぎる事前準備こそ、家康の真骨頂といえるだろう。

外国の使者にも絶賛された本多正純の潔癖

征夷大将軍の座を秀忠に譲った家康は、いわば隠居した身分だ。しかし、政界の座から下りたわけではない。江戸と京を結ぶ東海道の要衝でもある駿河の駿府城に拠点を移し、家康はさらなる幕府の体制づくりに勤《いそ》しんだ。現代でいえば、社長職を三男に譲り、自身は会長職となって黒幕に徹するといったところだろうか。

このときの家康は、異能ともいえるブレーンを集めて脇を固めた。その顔ぶれは、僧侶や学者、外国人といった、これまでの権力者が思いも寄らないような人材たちだった。

彼らを束ねる役割は、本多正純。家康の側で辣腕《らつわん》を振るってきた本多正信の息子である。この頃の正信は、将軍・秀忠の側近に配属されていた。

政策立案などは、家康のいる駿府城で行われる。決定事項が正信・正純父子によって江戸の秀忠に伝えられ、実行された。これが「二元政治」の体制であった。

父の正信とともに、徳川政権下で絶大な権力を握ることになった正純には、途端に周囲からのやっかみが向けられることとなる。こうなることを最も恐れていたのが、父の正信であった。正信はまわりの妬《ねた》み嫉《そね》みを警戒して加増を求めず、受けもしなかった。正純も基本的には父の姿勢を見習い、下野国と近江国に三万三千石を賜《たまわ》ったまま、それ以上の加増を受けようとはしなかった。

正純は内政だけではなく、外交でもその手腕を発揮した。江戸幕府というと、どうしても「鎖国《さこく》」のイメージがついてまわるが、家康は外国とのやり取りを積極的に行っている。たとえば、朝鮮、琉球《りゅうきゅう》、明《みん》といったアジア諸国から、オランダ、イギリス、ポルトガルが相手である。家康が外交文書を取り交《か》わした国は、十三カ国にわたり、百通を超える文書が残っている。そのなかに「委細は正純が申し述べる」といった文言が付記されている文書がいくつも見つかっている。正純は家康の意向を汲んだ使者として各国の使者から扱われていたのだ。このとき、家康はまぎれもない日本の王であったから、正純は「国王の筆頭家臣」として各国から見なされていたことになる。

このような立場になった者を、国内の人間が放っておくわけがない。正純のもとは、たちまち賄賂《わいろ》を持って相談に訪れる商人たちであふれかえった。父親がくぎを刺しておいたからか、正純がもともと高潔な性格だったからなのか、あるいは金銭欲にかられていては家康の家臣として恥ずかしいと思っていたのか。いずれにせよ、正純はそうした賄賂には目もくれなかった。

「これ実に君に仕えるものの模範」と外国の使節たちは褒めたたえたという。

身辺をきれいにしておくことは、自分自身のためになるばかりでなく、上司に累《るい》が及ぶのを防ぐ防衛策でもある。さすがに、泰平の世となった徳川家の重臣父子は、その点をよくわきまえていた。

千載一遇の「面接試験」で出世をつかんだ林羅山

家康の集めた幅広い職種のブレーンに林羅山《はやしらざん》がいる。

家康は将軍職を秀忠に譲渡した際、その儀式のために京を訪れている。京は文化の町。そんな都市に来たからには、さまざまな文化人の声を聞こうと、家康は名のある者を二条城に呼び集めている。そこに招かれたのが、儒学者の清原秀賢《きよはらひでかた》、相国寺《しょうこくじ》の西笑承兌《さいしょうじょうたい》、円光寺の元佶《げんきつ》などであった。その面々に林羅山の姿があった。

林羅山（東京大学史料編纂所蔵模写）

実は、家康が招こうとしていたのは、藤原惺窩《ふじわらせいか》であった。『四書五経倭訓《ししょごきょうわくん》』や『寸鉄録《すんてつろく》』などを著した近世儒学《じゅがく》の祖といわれる惺窩は、たびたび家康の求めに応じて政治学の講義をしていたという。あるとき、家康は茶筅髷《ちゃせんまげ》に白衣という出で立《いた》ちで、惺窩の前に現れた。仕事が忙しく慌てて出てきたのだろう。しかし、その格好は、およそ学ぶ姿勢とはほど遠いものだった。惺窩は言った。

「身を慎《つつし》み、威儀を正さずして、いかに天下国家を正せましょう」

この言葉を聞いて「はっ」とした家康は、急いで衣服を改めたという。

惺窩は仕官を求めてはいない。だから、上洛したときの家康の招待の真の狙いをつかみかねていた。そこで、代わりに推挙したのが惺窩の弟子である羅山だった。

当時の羅山の年齢は二十歳そこそこ。惺窩の推挙があったものの、六十歳半ばの家康からすれば、四十も年下の学者など、本来であれば眼中にない存在であった。

羅山は京の町家で生まれ育った。もとは加賀国《かが》（現在の石川県の一部）の土豪であった林家では、家の再興を果たすべく羅山に期待をかけていたようである。病気がちであった羅山は、槍働きではなく学問で身を立てるしかなかった。幼い頃からよく本を読み、若くして儒学者となった。まだ若い羅山は寺僧が仏教だけでなく、儒教も独占していた現状にずっと疑問を抱いていたという。学問としての儒教は独立しなければならない。そこで、千載一遇《せんざいいちぐう》の好機として与えられた場が、家康との謁見だった。

家康は羅山の教養を試そうと、あれこれ質問してみるが、実に丁寧に、はきはきと答えた。当時の家康の印象は、「若いのに物知りだ」程度だったようだ。

しかし、家康は羅山にきらりと光る才能を認めた。この「面接試験」から二年後、羅山は家康のもとに仕官することとなる。

「人を見る目」を立証した名奉行・彦坂光正の誕生

江戸と駿府の二元政治の特徴は、その側近にある。

江戸の秀忠のもとには、長らく家康を支えた忠臣が集められた。そのいずれもが秀忠よりも年長であり、幕府の形成に必要不可欠な存在ばかりであった。

一方、駿府の家康のもとには若い家臣が揃えられた。特に目立った戦功を立てた人物はいなかったが、家康を心から尊敬し、よく尽くす者が集められていた。

家康の人選はどのようなものだったのか。それを表す、こんなエピソードがある。

駿府に拠点を移すからには、この町にも町奉行を置かねばなるまいと考えた家康は、彦《ひこ》坂光正《さかみつまさ》を選び、奉行職就任を通達した。

ところが、光正は恐縮するばかりで一向に引き受けようとしない。

「町奉行職は容易ならざるものであって、拙者ごときは適任ではありません」

それが光正の言い分であった。これを聞いた家康は、光正を呼んで、こう伝えた。

「近々、京都所司代《きょうとしょしだい》を務めていた板倉勝重が駿府に来ることになっている。彼は駿府町奉行を務めたことがある。彼に相談した上で返答せよ」

光正は家康の言いつけ通り、勝重が駿府に到着するのを待ち、相談した。

光正からこれまでのいきさつを聞いた勝重は、こうアドバイスした。

「役人の仕事は、ただ賄賂を受け取らないそれだけです。あなたが町奉行となって、不公平となるような町民の声を聞かないようにするためには、私欲をなくすことです。欲をなくせば、町民の心は火を見るように明らかにわかるようになります。町民には、贔屓《ひいき》にしてもらおうと物を贈ってくる者もおります。たとえ、それを受け取らずに返却したとしても、その者に対して贔屓目《ひいきめ》に見てしまうことはあるでしょう。こうした賄賂が人の心を惑わすのは想像以上のものがあります。あなたにこうした心がけがあれば、町奉行の職が務まらないはずがありません」

名奉行として京都所司代を務めるまでに昇進していた勝重ならではの言葉だが、もし前任者にこんなことをいわれたらどう思うだろうか。これで「やはり自分には務まりません」と答えようものなら、賄賂を受け取る気でいることを表明するようなものだ。光正も同じように考えた。そして、決心して駿府町奉行を引き受けたのだった。

光正は、のちに伊豆や近江でも支配を任されることとなる。これは駿府で務めた奉行職の手腕が評価されたからと考えていい。家康の人物を見る目は、大御所となっても衰えることはなかったのである。

外国人を登用してさらに幅広い知見を得る

関ヶ原の戦いが始まる半年ほど前、豊後《ぶんご》国（現在の大分県の大部分）の臼杵《うすき》の海岸に漂着した貿易船があった。リーフデ号という名のオランダから来た船である。報告を受けた家康は、代表者を大坂へ連れてくるよう指示。船長が病気で動けなかったため、代理で大坂に向かったのは、イギリス人の航海長ウィリアム・アダムズと、オランダ人のヤン・ヨーステンであった。両者が会見したのは、いままさに開戦を迎えようとしていた関ヶ原の戦いの直前であった（『イエズス会日本年報』「慶元イギリス書翰」）。

当時の対日貿易を独占していたのはポルトガルである。織田信長がルイス・フロイスらイエズス会のキリスト教の布教活動を公認したことで、国内で精力的に活動をしていたのがポルトガル人だったのである。イギリスやオランダはイエズス会とは対立する立場で、同じキリスト教でもポルトガルとスペインがカトリックであったのに対し、イギリス・オランダはプロテスタントだった。

家康はアダムズに海外事情について根掘り葉掘り質問した。航海の目的から海路、宗教まで、さまざまなことについて尋ね、イギリスやオランダがポルトガルやスペインと紛争を続けていることも知った。

「彼らは海賊船である」

漂着船の面々を処刑させようと、ポルトガル人たちは家康にそう進言したが、その意図を知った家康は、頭脳明晰《めいせき》なアダムズらを保護し、破損したリーフデ号の修理を許可。さらに、土地の漁師たちに積荷を略奪され、衣服すら困っていたアダムズらに三万両もの大金を渡したのである。

家康がここまでアダムズらを厚遇した理由は何か。それは、ポルトガル・スペイン両国の真の狙いをアダムズらに教わったからである。彼らが聖書を携《たずさ》えてやってきたのは、貿

三浦按針像（長崎県平戸市）

易のみではなく日本の侵略が狙いだった。そもそもキリスト教を危険視していた家康だったが、相対的に判断し、ポルトガル・スペインよりも、イギリス・オランダの方が、うまくコントロールできると踏んだ。

アダムズらに渡した三万両は、リーフデ号に積まれていた武器弾薬の購入代金だったともいわれている。このうちの大砲は、直後に開戦した関ヶ原の戦いで実際に使われている。一説によれば、アダムズは関ヶ原に従軍していたともいう（『相中留恩記略』）。

戦後、家康はアダムズを度々呼び出し、自然現象や物理、幾何学《きかがく》や数学など、熱心に質問しながら世界最先端の学問を学んでいたようだ。貿易と宗教は一体化してはならないと考えていた家康にとって、これらを混同することのないアダムズは、たちまち家康に気に入られた。布教こそ禁じられたものの、アダムズは日本での居住が許されたのである。

やがて、家康が秀忠に将軍職を譲った頃、幾度《いくど》申請しても帰国を許されなかったアダムズは三浦按針《みうらあんじん》と名を改め、相模国三浦郡逸見村《へみ》（神奈川県横須賀市西逸見町）に二百五十石の領地を与えられた。のちに日本人と結婚したときも帰国を申請したが、家康は認めなかった。

あるとき、スペイン船が浦賀に入港したことがあった。スペイン船の船長が江戸湾は遠浅で寄港は無理だというのを聞いたアダムズは代理で操舵して、品川に着岸させた。アダムズの航海術の高さを物語るエピソードである。

スペイン船の船長は、さらに願い出た。

「安全のために江戸近海の測量を許可してほしい」

家康はアダムズに相談した。

「こういったことは戦争に利用されるから、西欧では絶対に許可しない」

家康からますます信頼されたアダムズは、幕府の外交担当となっている。こうなると、敵方のポルトガルやスペインの宣教師たちも、アダムズに口利《くちき》きを頼んでくるようになった。アダムズはなるべく彼らの意向に沿うよう努力したといわれている。敵味方なく人と接する、こうした性格も家康に気に入られた点かもしれないが、なかにはアダムズをカトリックに改宗させようとする者も出てきたとの逸話も残っている。

このように、家康はさまざまな才能を持った人材で脇を固めていった。これは江戸幕府の基礎固めだ。足元をしっかりと固めるにつれ、後顧《こうこ》の憂《うれ》いは豊臣家と彼らを慕う勢力となった。

秀忠に将軍職を譲った際、家康は豊臣秀吉の遺児である秀頼に上洛を促している。仮にこの求めに応じて上洛すると、日本の王となるはずだった秀頼が、家康による幕府の一大名となってしまう。それを恐れた秀頼の母である淀殿によって、上洛はならなかった（『当代記』）。淀殿の頑《かたく》なな意思を伝え聞いた家康は苦笑したといわれるが、もはや家康にとって豊臣家は、天下泰平を阻《はば》む火種にしか見えていない。家康は豊臣家を平伏《へいふく》させることこそ、最後の大仕事なのだという意識を高めていったのである。

第八章　国家運営の礎を築く

二代将軍・秀忠が見せた律義さと人心掌握術

家康の跡を継いで征夷大将軍となった秀忠とは、いかなる人物だったのだろうか。

秀忠は「清潔」というのにふさわしい身辺だったとされる。妻は、正室の江《ごう》一人のみで、多くの側室を持ち、たくさんの子どもをもうけた家康と大違いであった。

口癖のように「神君《しんくん》（家康）ほどの器量も威もない」と言って謙遜《けんそん》してばかりいた秀忠に対し、家康もこのように思っていた。

「秀忠はあまりに律義《りちぎ》すぎる。人は律義だけではいけない」

それを聞かされていた重臣の本多正信は、あるとき、秀忠に言った。

「父君も、ときには大ウソをつかれました。あなた様も虚言を口にするぐらいの機略をお持ちくださいませ」

すると、秀忠はこう答えた。

「それは父上のウソだからだ。父上がついたからこそ、人は騙《だま》される。私が同じようにしても、人は騙されない」（『駿河土産』）

このような秀忠の真面目《まじめ》すぎる性格を、家康も幾度か注意していたようだ。もっと柔軟に物事を考えられるようにならなければ、天下の政治をうまくまわすことはできない。ところが、秀忠がこの性格を変えることはなかった。

「秀忠の律義さには、わしは梯子《はしご》をかけてもかなわない」

しまいには、さすがの家康も兜《かぶと》を脱《ぬ》いだ。

しかし、それは秀忠が家康に遠く及ばない将軍だったという証拠にはならない。駿府で立案された政策を江戸で実行するという二元政治と呼ばれた体制において、秀忠も秀忠なりの施策を打ち出しているからだ。

たとえば、駿府の立案内容を大枠の原則として、実態に即する形で細かな部分の修正を施《ほどこ》した。その上で、公《おおやけ》に出される文書には、家康の名前を使わず、秀忠の名で出している。また、秀忠の直臣団の養成にも力を入れた。秀忠には家康より派遣された有能なブレーンが脇を固めていたが、その一方で、子どもの頃から行動を共にしている家臣たちにも目をかけ、自分に忠義を尽くす軍団を養育したのだ。

適材適所に部下を配置することで組織を掌握する家康とは違い、秀忠は「部下に使われる」ことを心がけた将軍でもあった。律義者で厳密な法の執行によって恐れられたところがある一方で、目の前で部下がミスをすると、突然に居眠りを始めるような人物だったらしい。現場ではなかなか人気があったようだ。

家康は部下に対しても丁寧な言葉遣いをしていた

会社では、上司と部下、先輩と後輩といった上下の人間関係がついてまわる。業務を上手にまわしていくためには、同僚だけでなく、こうした上下関係を円滑《えんかつ》にしておくことも大切とされる。しかし、上から目線の命令口調に出くわしたりすると、少なからず反発心を覚えるのは、プライドある人間である以上、致し方ない。

特に、ろくに仕事もできない上司から「そんなこともできないのか」と頭ごなしに言われて冷静でいられる人間は多くはないだろう。どうも人というものは、昇進を重ねれば重ねるほど、自分よりも下の役職の人間に対して、ぞんざいな言葉をかけてしまう習性があるらしい。

家康は家の当主、将軍、大御所と常にリーダーであり続けたが、どんなときも部下に情け深い人だったと伝わっている。

「第一に御武辺《ごぶへん》。第二に御内衆《おうちしゅう》に御情《おなさけ》。御ことばの御懇《おねんごろ》」

これは大久保忠教が記した『三河物語』にある家康の人物評だ。武勇に優れるばかりでなく、部下に優しく、言葉遣いも丁寧だったということである。

大御所となった家康は、天皇を除けば、将軍よりも公家よりも権力を握った、まぎれもない日本のトップであった。ところが、そんな立場となったからといって、家康は部下に乱暴な口調は使わなかった。家臣に対して「○○殿」と敬称をつけ、非常に丁寧な言葉をかけたという。

なぜ、家康は家臣にそのような態度を取っていたのか。よくいわれるのは、人質時代の労苦が背景にあるということだ。人とどう接し、どのような態度でいれば、相手に自分の心を届けられるのか。そうした人間関係の機微《きび》を、家康は人質時代に学んだというのである。若い頃に染《し》みついたものが、齢《よわい》六十を越える家康の身に忘れずに残っていて、なおかつ部下の人心を掌握するのに役立っていたのだとすれば、若い時分の苦労も決して無駄ではないといえる。

積極的に女性を登用する

慶長九年(一六〇四)、秀忠と江の間に子どもが生まれている。家康が秀忠に将軍職を譲る直前のことで、のちの三代将軍・家光《いえみつ》となる竹千代だ。天下の将軍家なのだから人材には事欠かないはずだが、家康はなぜか、竹千代の乳母《うば》を一般公募で募集している。募集の高札を掲げたのは、京都である。

ところが、募集に応じた者はほとんどいなかった。将軍家に乳母として仕えるとなると、関東に行かなければならない。当時、京都の女性たちにとって関東は鬼の棲《す》み家《か》として恐れられていたことが背景にあったようだ。そんななか、京都所司代の板倉勝重に頼み込んできた女性が現れる。名前は斎藤福《さいとうふく》。のちの春日局《かすがのつぼね》である（『春日局由緒』）。一般人である福が、実は公卿・三条西家の縁者であることがわかると、すぐに採用となった。

「そなたは斉藤利三《さいとうとしみつ》の娘である。父は武名をもって天下にその名を知らしめた。そなたも女人だからといって常人ではあるまい。よく働いて竹千代を保護せよ」

家康は常々そう声をかけ、福を励ましたという。斉藤利三とは明智光秀の家臣で、本能寺において織田信長を自刃《じじん》に追い込むが、続く山崎の戦いで敗れ、処刑された人物だ。家康にとってみれば、同盟者である信長を殺した敵の一味の縁者となる。

家康の腹積もりとしては、光秀の縁者というよりも、将軍家がこれから頻繁《ひんぱん》にかかわっていくことになるだろう朝廷との調整に、福を活用しようといった思惑があったのかもしれない。

春日局像（東京都文京区）

福はのちに「大奥」という幕府独自の組織を束ねていくことになるが、このように家康は女性の力を前向きに政治に活用している。家康には多くの側室がいたが、女好きで知られる豊臣秀吉のように、ただ身のまわりに女性をはべらせていたのではない。彼女たちを積極的に使おうとしていた節《ふし》がある。

そのうちの一人が、阿茶局《あちゃのつぼね》だ。彼女は家康に付き従って何度も戦場に赴《おもむ》いている。そればかりか、秀忠や家康の四男である松平忠吉の養育にも携わっている。

彼女は事務処理に長《た》けており、有能な秘書役として家康に仕えていたようだ。そのような能力が庶民の女性のなかに埋もれているのを、家康は知っていたのだ。

なお、大坂の陣の引き金となった方広寺《ほうこうじ》鐘銘《しょうめい》事件の弁明に訪れた使者を駿府で迎え、応対するという大役を務めたのも阿茶局であった。このときは、秀忠の正室・江の姉である常高院《じょうこういん》にも、大坂城の淀殿との交渉を命じている。家康憎しを公言して憚《はばか》らない淀殿も、妹の常高院が相手では和睦《わぼく》交渉のテーブルにつかざるを得なかった。適材適所を見る家康の目は、男女に差がなかったのである。

阿茶局（東京大学史料編纂所蔵模写）

家康の思惑を大きく超えた官僚組織が完成する

徳川家による支配体制を完成させつつあった家康にとって、最後の難問が豊臣家の存在であった。豊臣恩顧の家臣らは、江戸城の大改築に動員することで、表面上は徳川家＝将軍家に従属させることができたが、一方で豊臣家は徳川家に臣下の礼を取ることなく、自立した大名として存続していた。秀吉の遺児である豊臣秀頼が成人を迎えたら、豊臣恩顧の大名らがどういう態度に出るかは、予断を許さない状況だった。外国人の手記に見える秀頼についての記述はこうだ。

「前皇帝の子であり、日本の正当な皇帝である。諸事情でまだその地位に就いてはいない」

また、秀頼は民衆や大名からの要望が高く、秀忠が死んだのちにその地位に就くかもしれない、とも記されている。城の普請を免除するなどして、家康は他の大名とは違って秀頼を特別扱いしており、主従関係も曖昧《あいまい》なままにしてある。ちなみに、秀忠が将軍に就任した際、諸大名が秀忠に祝儀を献じているが、秀頼も同様に祝儀を贈っていたという（『慶長見聞録案紙』）。

慶長十六年（一六一一）三月、家康は五万の供を連れて、約六年ぶりに上洛している（『当代記』）。目的は、息子である義直《よしなお》らの叙任の御礼のために参内《さんだい》することだったといわれているが、注目すべきなのは、同月に秀頼と対面していることである（『義演准后日記《ぎえんじゅんごう》』）。対面が実現したのは、福島正則、加藤清正といった豊臣恩顧の大名らの秀頼への働きかけが大きい。家康が根回しに力を入れていることがわかる。

当初、家康は対等の立場で会いたいと面会場所であった二条城において、自らが出迎えている。そして、対等の礼儀で会談を進めようとしたが、秀頼はこれを固辞し、まるで家康が主人であるかのように振る舞った（『当代記』）。一説によれば、家康が秀頼に臣従を強要したともいうが、真相はわからない。いずれにしても、このとき、ついに家康と秀頼との上下関係が逆転したことを内外に明らかにしたのだった。

この会談でよくいわれるのが、成長した秀頼を見て危機感を覚えた家康が、豊臣家の殲《せん》滅《めつ》を決意したという説だ。実際に、大御所たる家康を前にした秀頼の態度は堂々としたものであったとされ、家康も「秀頼はかしこき人なり」との言葉を残している（『明良洪範』）。

京都の町に落書きされたものに、こういうものがある。

「御所柿はひとり熟して落ちにけり　木の下にいて拾う秀頼」

大御所・家康は老人だから、もうすぐ死ぬ。放っておけば、秀頼に天下が巡ってくる。「木の下」は豊臣秀吉の旧姓である「木下」を指している。民衆は両者の関係をそのように見ていた。

　このことを家康がどう思っていたかは定かではない。しかし、このとき、家康と秀頼との間には五十歳近くの年齢差があった。この動かざる事実を前に、家康の胸中に焦りがまったくなかったとは考えられない。何より秀吉は、幼き秀頼の身を案じて死んでいった。それを目の前で見ていた家康が、現在、天下の覇者として君臨している。自身のしてきたことを考えれば、秀頼は徳川家の築いた国家の脅威以外の何者でもなかった。

ちょうどこの頃、浅野長政《あさのながまさ》、加藤清正、池田輝政といった豊臣恩顧の大名が相次いで病死している。あまりのタイミングのよさに、家康による謀殺の噂もあるほどだ。

　そこで、家康は豊臣家が熱心に行っていた寺社の造営事業に目をつけた。家康は豊臣家の莫大《ばくだい》な秀吉の遺産を削《そ》ぐため、造営事業を勧め、浪費をさせたといわれている。そのうちの一つ、方広寺に奉納された梵鐘《ぼんしょう》の銘《めい》に「君臣豊楽」「国家安康」の文字があった。家康は、これを豊臣家の末永い繁栄を願ったものである一方、徳川家については「家康」の名前を分断し呪詛《じゅそ》を画策したものである、とクレームを入れたのだ。主導したのは、金地《こんち》院崇伝《いんすうでん》（以心崇伝とも）と板倉勝重である。突拍子《とっぴょうし》もない難癖ともいえる一方で、武力行

金地院崇伝（東京大学史料編纂所蔵模写）

方広寺の鐘と鐘銘「君臣豊楽 国家安康」（京都市東山区）

使のきっかけを家康は忍耐強く待っていたともいえる。

これを契機に大坂の陣の勃発《ぼっぱつ》に繋がるわけだが、家康は果たして、本当に豊臣家を滅ぼそうとしていたのだろうか。ここから先は想像でしかないが、実は、家康は秀頼を滅ぼす気はなかったのだと思う。あくまで豊臣家は力を失った大名の一つとして存在させておけばいい、豊臣政権下における織田家と同様にと考えていたのではないだろうか。

こうした家康の温情を覆《くつがえ》したのが、周囲のブレーンたちではなかったか。特に、本多正信は秀頼潰しを確固たる信念を持って主張し続けている。

こう考えることはできないだろうか。

そもそもの徳川家は、家康なしでは成立しない組織だった。家康の発案を実現化していく組織だった。そうした戦国時代の典型的な組織モデルから、関東移封、関ヶ原の戦いにかけて徐々に変化していき、大坂の陣の頃になると、家康の思惑を超え、一人の人間ではなく、ブレーンが組織の運営に何が最適かを合議によって進める組織に脱皮していた。これは、まさに秀吉が願っていた政治体制そのものである。長い時間をかけて、家康は誰が統治者になろうと、周囲のブレーンによって最適な政策を進めることのできる組織を創り上げていた。秀頼に対して一抹《いちまつ》の情のようなものを持っていた家康の思惑を凌駕《りょうが》する、冷徹な官僚集団が育っており、この頃には、家康すらも抗《あらが》えなくなっていたのではないだろうか。

いずれにしても、慶長二十年（一六一五）の大坂夏の陣で、豊臣家は滅びた。それと同時に、その後二百年以上続く幕府の体制も完成したのである。

城の建造ラッシュは景気浮揚と同時に戦闘準備をかねていた？

大坂の陣の始まる前、江戸はもちろん、全国各地が建設ラッシュにわいていた。慶長十四年（一六〇九）だけでも、全国で二十五の天守ができたというから、かなりのハイペースである。こうしたなかで雇用が生まれ、経済活動が活発になっていた。

そこで活躍したのが、江戸城の縄張りを担当した藤堂高虎《とうどうたかとら》であった。高虎ははじめ、近江国北部の浅井長政に仕えていたが、その後、磯野員昌《いそのかずまさ》、織田信澄《おだのぶずみ》、羽柴秀長《はしばひでなが》、豊臣秀吉など、次々に仕える主を変えている。変わり身の激しさゆえに、処世術に長けた人物という高い評価がある一方、密告人と卑下《ひげ》されてもいるが、現代風にいえば、転職上手といったところだろうか。そんな高虎が生涯の主と認めたのが家康だった。

高虎は、伊予今治《いまばり》（現在の愛媛県今治市）、伊賀（現在の三重県北西部）、伊勢などの領地を与えられた。高虎は自領の位置関係から見て、家康が大坂城を攻める腹づもりであることを直感したようだ。

つまり、大坂城を攻める要所を任されたため、豊臣秀頼を潰《つぶ》す気なのだと察した。そこで、さっそく高虎は伊賀の上野城（三重県伊賀市）の改築に取りかかった。前城主であった筒井定次《つついさだつぐ》が守っていた頃よりも、約三倍もの広さに改築した。自身の居城である伊勢の津城（三重県津市）は海辺に面した平城《ひらじろ》で、特に堅牢《けんろう》なわけでもない。それなのに、居城よりも上野城を優先させた。家臣にも「なぜ津城ではなく、上野城を堅固にするのです？」と聞かれたが、「やがてわかる」としか答えなかったという。

津城本丸跡に立つ藤堂高虎像（三重県津市）と伊賀上野城復興天守（三重県伊賀市）

その答えは、実に明快であった。大坂の陣で万が一に家康が敗れた場合、上野城に避難できるようにしていたのだ。同様の理由で、井伊直政が築いた彦根城（滋賀県彦根市）には、秀忠が逃げ込むことが想定されていた。

その他、城のなかった小高い場所に篠山城《ささやま》（兵庫県篠山市）を築かせたり、丹波《たんば》亀山城（京都府亀岡市）を改築させたり、とにかく城の整備が急ピッチで進んでいた。これらはすべて、大坂城を睥睨《へいげい》するのにうってつけの場所であった。一見、景気刺激策のようでいて、実は大坂の陣の下準備の一環だったとも考えられている。

はやる気持ちで再び大坂の陣で失敗した秀忠

いよいよ豊臣家と対峙するため、慶長十九年（一六一四）十月十一日に家康は駿府城を出発した（『駿府記』）。わずか五百の供を率いたものだったという。家康に味方する軍勢は約二十万に対し、大坂方が揃えたのは、その半分となる約十万だった。なお、家康の戦歴のなかで大坂の陣は、実は記録の少ない城攻めといわれている。

豊臣秀吉といえば城攻めだが、家康は野戦での勝利が多い傾向にあった。豊臣家を滅ぼすという高揚感と、初めての大規模な城攻めという緊張が相《あい》まって、出陣した家康は興奮

『大坂冬の陣図屏風』に描かれた真田丸の攻防（ColBase〈http://colbase.nich.go.jp/〉）

した様子だったと伝わっている。

二代将軍の秀忠も同様に、昂《たか》ぶりを隠せないでいたようだ。関ヶ原の戦いの際、上田城を守る真田家に手こずり、合戦に間に合わなかった大失態を演じていた秀忠にとって、大坂の陣は名誉挽回《めいよばんかい》する絶好の機会だったからだ。

同年十月二十三日に江戸を出た秀忠は、一刻も早く家康に合流しようと、とにかく急いだ。無事に茶臼山《ちゃうすやま》（大阪府大阪市）に布陣していた家康と合流した（『駿府記』）ときは、合戦に間に合ったと、秀忠もほっと胸をなでおろしたことだろう。

ところが、あまりに兵を急がせたため、合流する直前の琵琶湖畔《びわこはん》の瀬田《せた》（滋賀県大津市）に到着する頃には、兵が極度に疲弊《ひへい》してしまっていた。

譜代の重臣らを集めた軍議の際、家康は目を丸くして秀忠を叱った。

「くたくたに疲れ果てた兵が合戦で役に立つか。そこまで急《せ》かせてどうする、馬鹿者！」

家康が心配していたのは、真田信繁《さなだのぶしげ》や後藤基次《ごとうもとつぐ》といった合戦に慣れた大坂方の者たちによって、くたびれた秀忠軍が襲われることであった。彼らのような戦上手に攻められれば、いかに大軍勢であっても、ヘトヘトになった上に戦慣れしていない秀忠軍ではかなうはずもない。

大坂方の軍議では「東軍が到着する前に京都を制し、宇治《うじ》や瀬田で叩く」と、話し合われていたというから、秀忠が家康と無事に合流できたのは幸運だったといえる。

組織に必要なルールを策定

家康のブレーンの一人である金地院崇伝は、南禅寺《なんぜんじ》（京都府京都市）の住持であった。南禅寺の住持を務めるということは、すべての禅僧のトップに等しい。崇伝は三十七歳の若さでこの地位に立った有能な高僧である。

崇伝は豊臣秀吉による朝鮮出兵の際に名護屋《なごや》城（佐賀県唐津市）で外交の仕事に携わっている。同じく臨済宗《りんざいしゅう》の僧侶であった西笑承兌の補佐役であったが、こうした実務経験が家康の目にとまり、駿府に招聘《しょうへい》されたという。

京都や鎌倉の五山と呼ばれる禅宗の寺格における僧は、外交文書を担当する習わしがあったため、崇伝も多くの文書を手がけたが、それだけにとどまらなかった。当初、必要に応じて京都と駿府を行き来していた崇伝は、やがて駿河に金地院を建てると、そこを拠点に多くの法律文書にも着手している。

崇伝の起草した法令をそれぞれ見てみよう。

まずは、伴天連追放之文《ばてれんついほうのぶん》である。これはキリスト教の布教を禁じるものだ。同様の法令は秀吉の時代にも出ていたが、家康は海外との貿易を重視し、布教を黙認していた。しかし、貿易によって諸藩の軍事力が増強されるばかりか、キリスト教信者による寺社の破壊、信者や布教のみを前面にする外交政策を打ち出した外国も出てきたため、国内の安定を図るべく、禁教政策に踏み切ったといわれている。江戸初期の外交について書かれた崇伝の日記『異国日記』によれば、崇伝は家康の命を受けて、わずか一日で法令を作成したらしい。江戸幕府による初のキリシタン弾圧政策で、改宗しない者は、北は津軽《つがる》に、南は長崎へと流され、宣教師は国外に追放となった。

次は武家諸法度《ぶけしょはっと》である。これは家康にとっての天下統一の総仕上げと位置づけられるもので、大坂の陣で豊臣家を滅ぼし、敵のいなくなった家康が、徳川家による諸大名の統制を文書として定めたものだ。条文は全部で十三カ条。法度に背《そむ》く者は容赦なく処罰された。幕府の権威を飛躍的に高めた法度である。

禁中幷公家諸法度《きんちゅうならびくげしょはっと》は天皇や公家、僧が守るべき諸規定であった。そもそも公家から見て身分が下に位置づけられていた武家からそのような法度が出ること自体が前代未聞で、天皇、公家らは激しく動揺したといわれる。全十七カ条からなっている。

寺院法度は、有力寺院に対する幕府からの統制が定められたもの。一向一揆など、宗教を背景とした反逆に痛い思い出のある家康は、統制を敷くことで宗教による反乱を未然に防ぎ、同時に幕府の威光を示した。

これらはすべて、徳川による政権を盤石《ばんじゃく》にするためのもの。家康は自分が死したのちも政権が安定的に継続できるよう、制度整備に晩年を費やしたのだった。

死後の憂いを残さず秀忠の成長も見届けた

かつて天下統一を目前にしながら、部下の裏切りに遭った織田信長は、反乱を起こしたのが重臣の明智光秀と知って「是非《ぜひ》に及ばず」と言って、戦いながら自刃《じじん》したと伝わっている。

その後継者として天下をほぼ統一した豊臣秀吉は、死の間際《まぎわ》、まだ幼い息子のことを案じ、各大名に秀頼を頼む、と懇願して亡くなった。

家康はどうだろうか。

家康も人の子である。我が子の行く末を心配しなかったはずはない。しかし、おそらく家康は信長のように潔くも、秀吉のようになりふりかまわずも、できなかった。

「天下は天下のものである。息子の秀忠がおかしな政治をするようであれば、遠慮なく滅ぼし、天下を取りなさい」

家康は生前、このように諸大名に明言したという。一方で、秀忠にはこう警告していたという。

「大名は誰一人信用してはならない。もし反逆する素振《そぶ》りを見せるような大名がいれば、それがたとえ身内であっても、すぐに殺さなければならない」

また、家康は秀忠にこんなことも言っていた。

「絶対に新法を立ててはならない」

これまでの法を尊重することは、先祖が血のにじむような想いで積み上げてきた歴史を守ることだ、と秀忠に教えた。この教えを守らせるため、家康は生前のうちにあらゆる法規制を整え、秀忠がそれらを守りさえすればよい、という状況をつくり上げた。二元政治によって、秀忠は家康に学びながら政治を行うことができ、家康がいつ亡くなっても、為《い》政者《せいしゃ》として手腕を発揮できるだけの経験を積んでいた。

晩年、家康は秀忠に尋ねた。

「わしが死んだ後、天下はどうなると思うか」

駿府城本丸跡に立つ徳川家康公之像（静岡県静岡市葵区）

「父上が亡くなれば、大いに乱れるでしょう」

それを聞いて、家康は頷《うなず》くと指示した。

「わしが死んだら、三年の間は諸大名を江戸に据え置くがよい」

しかし、秀忠は反対した。

「ご遺言はすべて承《うけたまわ》りますが、このことだけはお引き受けできません。もし父上が亡くなられたら、諸大名はすべて国元に帰します。逆心を抱く者があれば、蹴散らしましょうぞ。いずれにしても、一合戦しなければ天下は治まらないでしょう」

家康は「その答えを聞きたかったのだ」と言って、秀忠を拝《おが》んだという（『三河物語』）。

後継者の秀忠は、きちんと成長した姿を家康に見せた。幕府の体制を整え、それを支える腹心もしかるべき地位に配置している。すべきことを成した家康は、すべてを見届けたとでも言うかのように、大坂夏の陣の翌年となる元和《げんな》二年（一六一六）四月十七日、静かに息を引き取った（『徳川実紀』）。

終　章　徳川家康のリーダー論

「惚れさせる」家康のマネジメント

「ワンマン経営」という言葉に、よい響きはあまり感じられない。経営者の利己的な判断で現場が振りまわされる状況の代名詞として使われることが多いからだ。

経営者の判断は、ときに素早く、ときに流動的で、ただ「言われたことだけをやる」部下からすれば、理不尽《りふじん》な指示の連続と受け取られることがしばしばだ。そのようなことを積み重ねていくと、やがて現場は「このような上司にはついていけない」と不平不満を募らせることになる。

部下を自分の手足としか感じていない経営者にとって、このような不満を抱く存在は目障《めざわ》り以外の何者でもないが、このようなほころびが組織をやがて崩壊に導くことになるのは、多くの歴史が証明している。

時代の流れを読み、その一歩も二歩も先を見通し行動することで成功をつかむ。これは現代の経営者も、四百年前の戦国武将も同じだ。その原動力はリーダーの直感や感性といった才覚によるところも大きいが、組織内部をどのように掌握し、動かしていくかというマネジメント能力も、決しておざなりにはできない。

戦国時代には、日本人なら誰もが知る、織田信長、豊臣秀吉、徳川家康といったリーダーがいる。リーダー論を語る上で、この三人はさまざまな面において比較されてきたが、彼らのマネジメント手法も三者三様、とても対照的だ。

織田信長は、家柄や身分などを一切問わずに優秀と思われる人材を積極的に登用する「能力主義」を貫いた。高すぎる目標を設定することで家臣同士を競《きそ》わせてもいる。その結果、家臣たちは能力以上のものを発揮し、織田家の領土は驚くような速さで拡大した。信長も、またその家臣たちも大きな利益を手にしている。しかし、熾烈《しれつ》な戦功争いが家臣間に軋轢《あつれき》を生んだものか、重用《ちょうよう》していた家臣の反乱という思いもかけなかった事態で、成長戦略に歯止めをかけられた。

その跡を継いだ豊臣秀吉は、「人たらし」との異名《いみょう》があるほど、他人を自分の虜《とりこ》にさせるのに長けた人物と評される。金銀や領土といったわかりやすい褒美を分け与え、部下を鼓舞《こぶ》した。成果を出した者に惜しみなく褒美を与えることで、部下たちの「もっと、もっと」という欲望を喚起《かんき》し、それに応《こた》える秀吉への「恩」を植えつけていった。信長に比べれば、部下のマネジメントを意識していたように見える。ところが、秀吉は後継者を育てることのできないまま、世を去った。典型的な一代限りの組織で終わってしまったのである。

信長と秀吉の成功や失敗を目の当《ま》たり《あ》にしていたのが徳川家康だ。強烈なリーダーシップのもと、トップダウンで組織を動かしてきた信長、秀吉に比べて、家康は組織というものを俯瞰《ふかん》した目で見ていた。部下を動かすために「命令」は必要だが、トップの思い描く結果を得るためだけの「命令」に、部下はどこまで従うのか。家康にはそんな思いがあったのではないだろうか。つまり、部下にとって目標も褒美も大事なことだが、それだけでは真に強い組織にはなりえない。幼い頃を人質として過ごし、今川家から独立を果たした後も信長や秀吉の陰に隠れて、まさに「忍従」の人生を送った家康は、人の世の酸《す》いも甘いも噛《か》み分けてきた。そこから得た教訓を組織に役立てたのだといえる。

家康が部下に求めたのは、受けた命令を遂行する実行力そのものではなかった。その命令にどういう意味があるのか。何を目的にしているのか。そのために何をしなければならないのか。そうしたことを部下に考えさせ、自らの創意と工夫をさせる余地を残していたのではないだろうか。ようするに、家康が部下に与えたのは、目標や褒美だけではなく、役割だ。役割を与えられることで、部下は組織の一員であることを認識し、所属する組織をよりよく、より大きくするためにはどうしたらいいのか、自分のこととして知恵を絞《しぼ》ることになる。それは「組織の歯車」とは、まったく違う概念だ。役割を与えられた部下は、自分の仕事に誇りを持ち、与えてくれた上司に感謝以上のものを感じるようになる。三河時代から付き従ってきた家臣たちの動向を見ていると、彼らは、家康に「惚《ほ》れていた」のではないかとさえ思う。

家康が現代に残した教訓

現代に置き換えて考えると、会社のために自分が何をすべきか、どうすればこの会社がよりよくなるかを考える社員は、社畜といわれて敬遠される傾向にある。多くの人は会社の指示通りに動く。会社はただ給料を遅滞なく払ってくれればいい。どんなに頑張って働いても、給料は変わらない。深夜や休日に働いても、それはサービス残業だ。

一方、経営者の側も、何でも言うことを聞いてよく働く薄給の社員を贔屓にする傾向がある。何かと不平を抱く社員に必要以上のことは求めない。のるかそるかの冒険は好まず、会社に確実に利益がもたらされることでなければ、意味がないと考える。このような諦念《ていねん》が、今日の社会全体に閉塞感《へいそくかん》をもたらしている。

家康が創りあげた組織は、信長や秀吉のそれと違い、わずか一代限りのものではなかった。それどころか、家康の組織に対する思想が脈々と次世代に受け継がれていった結果、世界でも類例のない、二百年以上続いた平和国家という形で結実したのである。それは家康という一人のカリスマがいなくては不可能だったが、組織は一人では成り立たない。組織を取り巻く一人ひとりがそれぞれの役割を果たしたからこそ、なしえた偉業だったということを、これまでひもといてきた家康の事績の数々が教えてくれている。

たとえ外部から「ワンマン経営」と言われても、組織として運営されている以上、そこにあるのは「人」だ。組織の成否は、たった一人の経営者の才覚で決まるのではなく、そこに集《つど》う人々をいかにうまく巻き込んでいくかだといえる。家康が残した言葉や事績には、立場の上下にかかわらず、現代を生きる我々が学ぶべき教訓に満ちている。

おわりに

徳川家康の生涯はできすぎている。

波乱の人生の幕開けとなった幼少の人質時代や独立までの過程に始まり、織田信長や武田信玄、豊臣秀吉など戦国時代を代表する武将たちとの同盟や合戦、名立たる大名たちを相手にした政治的処世術……。ときには死を覚悟せざるを得ない窮地に立たされながらも反逆の芽を摘《つ》めるだけ摘み、後継者を育て上げ、一分の隙《すき》もない組織を構築した。後顧《こうこ》の憂《うれ》いを徹底的になくし、最期は戦場ではなく畳《たたみ》の上で静かに息を引き取った。

死後は、信長や秀吉もかなえられなかった自己神格化に成功した。東照大権現《とうしょうだいごんげん》という神となって、直接には家康を知らない庶民たちにも崇《あが》められるまでになった。忍従の日々と天下の覇権を握った才覚とが違和感なく同居し、すべてが劇的なドラマに彩《いろど》られている。

小説や映画、ドラマなど創作の世界でも、戦国時代を見事に制した英雄として描かれることがほとんどだ。四百年もの長きにわたり、このような完璧な人物としての家康像が多くの人の胸の内にある。

その点で考えると、二〇二三年（令和五）のNHK大河ドラマ『どうする家康』に描かれる家康は、どうにも頼りない。目の前の困難に直面しては狼狽《ろうばい》し、家臣に「どうする？」と、ときにかん高い声で当たり散らし、ときに泣き言を言って困らせる様は、これまで見知ってきた神君・家康像とはほど遠い印象を受ける。

信長や秀吉といった天下人にも、ついてまわる固定したイメージがある。家康との関係でいえば、この二人については、家康という天下の覇者が生まれるためのお膳立てをした印象が拭《ぬぐ》えない。同時代を生きた人々も同じだったようで、江戸時代の落首《らくしゅ》「織田がつき羽柴がこねし天下餅《てんかもち》　座して喰《く》らふは徳の川」からも、それはうかがえる。

この落首を題材にした歌川芳虎《うたがわよしとら》の浮世絵は、幕府の怒りを買って焼き捨てられた。家康の事績を軽んじたものと罰せられたのだ。

歴史とは勝者が創りあげるもの、とよくいわれる。天下の覇者である家康の歴史は涙なくして語れない悲劇や輝かしい功績で彩られる一方、逆に家康を悪く言うことは、江戸時代を通じて一切《いっさい》許されないタブーだった。特に、本書でよく取り上げた江戸幕府公式の史書『徳川実紀』で語られる逸話の数々は、その偉業をことさら顕彰すべく記したものと解釈され、事実としては「疑わしい」と切って捨てられることも少なくない。

そういう意味でいえば、『どうする家康』に描かれる弱々しい家康像は、長い年月のなかで現代人にも固定化した神君・家康の虚像を剝《は》ぐ、野心的な作品とみることもできる。

今日を生きる我々が家康の人となりを知る手立ては、残されている史書からかい間見ることくらいしかない。残された史書の語る家康が実像ではなく、著《いちじる》しく粉飾《ふんしょく》されたものがほとんどだったとして、それらをすべて正確に正していくのは難しい。四百年という月日の築いた「家康」が大きく覆《くつがえ》ることは、この先もなかなかないだろう。

裏を返して言えば、数々の「できすぎた家康像」は、人々の願望が込められたものと捉《とら》えることもできる。リーダーとはこうあるべきもの。天下を取るのにふさわしい人物像とはこういうもの。そんな理想像が、神君・家康に投影されている。そう考えれば、家康の語ったこととして伝えられる逸話に、また違った味わいが出てくる。

本書は、家康のリーダーシップにまつわるエピソードに力点を置いた。部下とのやり取りや他大名との駆け引き、あるいは組織編成などの逸話を数多く盛り込んでいる。戦国武将ならではの華々しい合戦の采配にまつわるものをほとんど選ばなかったのは、合戦時より平時の家康の言動の方が現代人に通じる力がある、と考えたからだ。部下の信用を勝ち得るにはどうしたらいいのか。部下の能力を最大限に引き出すためにはどんな言葉がいいのか。あるいは、上司として部下に対してどのような態度でいるべきか。斬首されたり、切腹したりする戦時の勇ましい会話よりも、組織を運営する際に家康が悩んだことや部下に訓示したことなどの方が、現代の組織と重ね合わせやすい。

家康の虚像が、「リーダーとは、こういう存在であって欲しい」という願望を投影したものだとすれば、大河ドラマ『どうする家康』の弱々しい家康もまた、現代人の理想の上司像を描いていると考えてみるとどうだろうか。信長のような強烈なカリスマ性もなければ、秀吉のような気前のいい大盤振《おおばんぶ》る舞《ま》いもない。令和版の家康は、部下がいなければ一歩も前へ進めない。部下に相談し、部下からの助言で奮《ふる》い立ち、部下とともに困難に立ち向かう。たった一人の才覚では実現の難しいことをチームの力で成し遂げる。そんな、英雄なき時代に適した家康像が描かれているのではないだろうか。本書のなかにも、令和版家康の横顔の一つになりそうな逸話をいくつか取り上げたつもりだ。

また、本書は戦国武将というより、政治家、あるいは組織のトップとしての家康像を追い求めた。とはいえ、読み通していただければ、人質から戦国武将、天下人へと飛躍する家康の生涯を、ある程度俯瞰《ふかん》して見ることができるようにはなっているはずだ。家康の人生は、戦国時代を代表する事件や合戦の連続でもある。桶狭間の戦いや本能寺の変、関ヶ原の戦いは時代の流れを大きく変えるものだったが、それは家康にとっても転機となったものばかりだ。そのときに家康がどのような行動を取り、どのような言葉を残したのか。「さすがにこれは作り話だろう」から、「いや、ひょっとしたら本当にこんなことを家康は言っていたのかもしれない」まで、楽しみながら読んでいただけるとありがたい。

最後に、お忙しいなか監修を務めてくださった歴史学者の矢部健太郎先生、本書を刊行する機会をいただいた株式会社エムディエヌコーポレーションのノンフィクション編集部・シニアデスクの松森敦史氏に、心より御礼申し上げます。

二〇二三年三月七日

小野雅彦

参考文献（※初出一覧を兼ねる）

足利健亮『地理から見た信長・秀吉・家康の戦略』（創元社、二〇〇〇年）
煎本増夫『徳川家康家臣団の事典』（東京堂出版、二〇一五年）
笠谷和比古『関ヶ原合戦　家康の戦略と幕藩体制』（講談社選書メチエ、一九九四年）
笠谷和比古『戦争の日本史⑰　関ヶ原合戦と大坂の陣』（吉川弘文館、二〇〇七年）
笠谷和比古『徳川家康　われ一人腹を切て、万民を助くべし』（ミネルヴァ書房、二〇一六年）
北島正元『徳川家康　組織者の肖像』（中公新書、一九六三年）
桑田忠親『桑田忠親著作集 第六巻 徳川家康』（秋田書店、一九七九年）
桑田忠親『家康の手紙』（文春文庫、一九八三年）
柴 裕之『徳川家康　境界の領主から天下人へ』（平凡社、二〇一七年）
曽根勇二『敗者の日本史⑬　大坂の陣と豊臣秀頼』（吉川弘文館、二〇一三年）
曽根原理『歴史文化ライブラリー296　神君家康の誕生　東照宮と権現様』（吉川弘文館、二〇〇八年）
谷口央編『関ヶ原合戦の深層』（高志書院、二〇一四年）
中村孝也『徳川家康公伝』（東照宮社務所、一九六五年）
中村孝也『家康の族葉』（講談社、一九六五年）

中村孝也『家康の臣僚　武将篇』（人物往来社、一九六八年）
中村孝也『家康の政治経済臣僚』（雄山閣出版、一九七八年）
藤井讓治『日本史リブレット人46徳川家康　時々を生き抜いた男』（山川出版社、二〇二一年）
藤野保・村上直・所理喜夫・新行紀一・小和田哲男編『徳川家康事典 コンパクト版』（新人物往来社、二〇〇七年）
本多隆成『定本 徳川家康』（吉川弘文館、二〇一〇年）
本多隆成『徳川家康の決断　桶狭間から関ヶ原、大坂の陣まで10の選択』（中公新書、二〇二二年）
矢部健太郎『敗者の日本史⑫　関ヶ原合戦と石田三成』（吉川弘文館、二〇一三年）
矢部健太郎監修『戦国家臣団　最強28家２６１人』（宝島社、二〇二三年）
矢部健太郎監修『地政学でよくわかる！　信長・秀吉・家康の大戦略』（コスミック出版、二〇一八年）
山路愛山『徳川家康』上下（岩波文庫、一九八八年）

本書は二〇一四年に株式会社竹書房から刊行された『なぜ家康の家臣団は最強組織になったのか 徳川幕府に学ぶ絶対勝てる組織論』に加筆修正した上で、再編集したものになります。

MdN新書
047

「最弱《さいじゃく》」徳《とく》川《がわ》家《か》臣《しん》団《だん》の天《てん》下《か》取《と》り

2023年4月11日　初版第1刷発行

監　修　矢部健太郎《やべけんたろう》
著　者　小野雅彦《おのまさひこ》
発行人　山口康夫
発　行　株式会社エムディエヌコーポレーション
〒101-0051　東京都千代田区神田神保町一丁目105番地
https://books.MdN.co.jp/
発　売　株式会社インプレス
〒101-0051　東京都千代田区神田神保町一丁目105番地
装丁者　前橋隆道
DTP　三協美術
帯画像　徳川十六将図（浜松市博物館蔵）
印刷・製本　中央精版印刷株式会社

カスタマーセンター
万一、落丁・乱丁などがございましたら、送料小社負担にてお取り替えいたします。
お手数ですが、カスタマーセンターまでご返送ください。

落丁・乱丁本などのご返送先
〒101-0051　東京都千代田区神田神保町一丁目105番地
株式会社エムディエヌコーポレーション　カスタマーセンター　TEL：03-4334-2915

書店・販売店のご注文受付
株式会社インプレス　受注センター　TEL：048-449-8040／FAX：048-449-8041

内容に関するお問い合わせ先
株式会社エムディエヌコーポレーション　カスタマーセンターメール窓口 info@MdN.co.jp
本書の内容に関するご質問は、Eメールのみの受付となります。メールの件名は
「「最弱」徳川家臣団の天下取り　質問係」としてください。電話やFAX、郵便でのご質問にはお答えできませ

Senior Editor 木村健一　Editor 松森敦史

ISBN978-4-295-20519-7　C0221

MdN新書
日本史

都市計画家 徳川家康
天下人の地形利用術。江戸には選ばれる理由があった
谷口 榮

将軍の日本史
歴史を変える将軍。武士の世700年がわかる征夷大将軍総覧
榎本 秋

ナンバー2の日本史
摂政、関白、管領、老中……主役を操る陰の実力者たち
榎本 秋

江戸の給与明細
貧乏侍の年収四十万円！ 武士と庶民の給与大百科
安藤優一郎 監修

大御所の後継者問題
次代選びが御家の運命を決める
加来耕三